3年级 课文里的作家

搭船的鸟

郭 风 /著

人民文学出版社

图书在版编目（CIP）数据

搭船的鸟 / 郭风著. -- 北京：人民文学出版社，2025. --（课文里的作家）. -- ISBN 978-7-02-019321-9

I. G624.233

中国国家版本馆CIP数据核字第20250WR339号

责任编辑　周方舟
装帧设计　黄云香
责任印制　王重艺

出版发行　人民文学出版社
社　　址　北京市朝内大街166号
邮政编码　100705

印　　刷　小森印刷（北京）有限公司
经　　销　全国新华书店等

字　　数　50千字
开　　本　710毫米×1000毫米　1/16
印　　张　8
印　　数　1—5000
版　　次　2025年8月北京第1版
印　　次　2025年8月第1次印刷

书　　号　978-7-02-019321-9
定　　价　30.00元

如有印装质量问题，请与本社图书销售中心调换。电话：010－59905336

出版说明

阅读是提升核心素养，提高语言文字应用能力、思维能力、审美创造力的重要途径。《义务教育语文课程标准(2022年版)》明确提出："关注个体差异和不同的学习需求，鼓励自主阅读、自由表达；倡导少做题、多读书、好读书、读好书、读整本书，注重阅读引导，培养读书兴趣，提高读书品位。"在此背景下，我们特别策划了"课文里的作家"系列丛书，精心挑选那些作品曾被选入课本的优秀作家，将他们的经典作品编选成集。

人民文学出版社"课文里的作家"是一套面向中小学生的语文教材配套读物，具有如下特点：

一、与教材配合紧密，深度呼应统编语文教材"教读—自读—课外阅读"三位一体的教学体系，为中小学生铺设从教材出发走向广袤阅读世界的阶梯和通衢。丛书以教材中的选篇为原点，系统梳理每位作家的经典作品，编选上结构清晰、难易分明，兼顾了课内学习与拓展阅读的需要，帮助学生有效实现课程内外衔接。

编辑理念方面，尽量保留作品的原汁原味，方便学生领略作品的原生态、作者语言的多样性，以及随着时代变迁，语言、文化所经历的历史性变化。

二、贯彻1+X理念，规划分级阅读体系，兼顾学生学习梯度和进阶需要。选文既注重经典性，又注重丰富性。除选入与教材关联性较强的作品之外，有意识选入作家不同体裁类型的作品或篇幅稍长些的作品，方便学生进行延伸阅读，提升阅读能力。

小学阶段以童话、故事、寓言、儿童诗、叙事性作品等为主，中学阶段则安排小说、散文等多种文学体裁。考虑到不同年级学生的差异化阅读需求，我们特别为一、二年级书目配备了全文注音，其他年级则为生僻字、易错字注音；必要时，对一些难懂的字词做了注释。既方便低年级学生独立阅读，也兼顾了高年级学生自主阅读能力的提升。

三、每本书后特设"作家的故事"栏目，旨在深化学生对课文作家的了解及创作背景的认知，延伸课外阅读路径，强化读写能力；同时为教师提供教学资源和思路，教师可将其作为素材与课内教学配合使用。

四、特邀资深插画师精心绘制插图，形象化呈现关键情节。用图画关联生活经验，辅助青少年读者自主阅读的同时，也希望通过视觉上的愉悦体验激发学生的阅读兴趣，使他们在享受文字魅力的同时，也能感受到多维美的熏陶，提升艺术鉴赏能力。

阅读是实现文化传承的重要手段，是塑造完满精神的核心路径。希望这套精心选目、严谨编校推出的系列读物，能够切实解决广大教师、家长选书难的问题，为学生的课内外自读和"课后三点半"阅读活动提供支持和方便；有效引导中小学生加深对课文的学习和理解，提升语文能力，进而养成良好的阅读习惯，品悟文学与文化之美，涵养性情，滋养心灵。

人民文学出版社编辑部
2025年5月

目 录

散 文

搭船的鸟 1
蛇　蛋 3
穿山甲 4
勇敢的水牛 6
洗澡的虎 9
雾　晨 11
叶　笛 12
雪从我们村庄的上空降落下来…… 14
秋的怀念 16
秋天的晚霞 19
松坊溪的冬天 21
鸟们的歌唱 26
白　鹇 29
采红菇 32

初　霜 ……………………………………… 35
麻雀的拜访 ……………………………… 38
喜鹊搬家 ………………………………… 40
睡　莲 ……………………………………… 42
雷击的松树 ……………………………… 44
草丛间的童话 …………………………… 46

童话诗

小郭在林中写生 ………………………… 53
豌豆的三姐妹 …………………………… 61
小野菊的童话 …………………………… 68

童话散文

抽屉里的晚上 …………………………… 76
红菇们的旅行 …………………………… 83
白雪公主 ………………………………… 90
孙悟空在我们村里 ……………………… 97
孙悟空和外国朋友哈尔马 ……………… 106
月亮和松鼠 ……………………………… 115

作家的故事 ……………………………… 118

散 文

搭船的鸟

我和母亲坐着小船,到乡下外祖父家里去。我们坐在船舱里。天下着大雨,雨点打在船篷上,沙啦、沙啦地响。船夫披着蓑(suō)衣在船后用力地摇着橹(lǔ)。

后来雨停了。我看见一只彩色的小鸟站在船头,多么的美丽。它的羽毛是翠绿的,翅膀带着一些蓝色,比鹦鹉还漂亮。它还有一个红色的长嘴。

它什么时候飞来的呢?它静悄悄地停在船头,不知有多久了。它站在那里做什么呢?难道它要和我们一起坐船到外祖父家里去吗?

我正想着,它一下子冲进水里……不见了。可是,没一会,它飞起来了,红色的长嘴衔(xián)着一条小鱼。它站在船头,一口把小鱼吞了下去。

母亲告诉我：这是翠鸟。
哦，这只翠鸟搭了我们的船，
在捕鱼吃呢。

蛇　蛋

遇到天气暖和、晴朗的日子，外祖父常带我一起去巡田。

有一次，在一块草地旁边的泥土上，我看到七个滚圆的、白玉一般的鸟蛋。谁把泥土扒开一个浅浅的坑，放上七个鸟蛋呢？

"这是蛇蛋，不是鸟蛋。"外祖父对我这样解释。

我哪里能想到这是蛇蛋呢！和雀巢里的麻雀蛋，模样多么相像，只是麻雀蛋的壳上有许多褐色的斑点。

当时，我心中感到很奇怪。我想，蛇不会像鸟一般在空中飞行，怎么也能够生蛋？小孩子总有自己的想法，记得那时整整两天我都在想这个问题。

穿山甲

我们在田头挖了个深坑,上面铺了树枝、稻草、泥土,还有许多青草。

如果野猪、刺猬到田里来偷吃番薯和花生,咳,就要掉进这个陷阱里。

要是掉下一只老虎,一只狼,那就更有意思了。

过了好久,番薯和花生都收成了,陷阱里一只小田鼠也没有掉进去。

秋天,下了几场小雨,天气慢慢地凉了。早晨,田头的枯草和铺在深坑上面的稻草,凝结着粉末一般的繁霜。一天早上,我跟着农民老伯(我寄住在他家里)去巡田。发现深坑上面铺着的稻草和树枝掉下去了,现出一个窟窿,——呵,半夜里,说不定有什么野兽,掉在这个陷阱里?

我赶紧去查看。坑里黑洞洞的，积了许多水，一点声音也没有……农民老伯用锄头把树枝捞上来，忽然听见底下一阵拨水声，接着我们看见一只什么野兽的背脊，在水面上浮现了一下，还没看清楚，又钻下去了。

坑里有积水，怎么抓住这野兽呢？我跑回去拿了水桶和木梯。我们把水汲（jí）起来……呵，原来是一只穿山甲，掉在我们的陷阱里。它已经在深坑下面，沿着坑壁钻了一个大洞，当我们放下木梯，要把它抓住时，它钻进那大洞里，可是我们一下子把它抓住了。它身上有那么多黑鳞，长长的带鳞的尾巴蜷（quán）缩起来，喘息着，好像十分害怕。

我们把它带回家去，许多小孩子都跑来看。我们捉了很多蚂蚁给它吃。

当我离开这个山村的时候，这只穿山甲还养在农民老伯家里。

勇敢的水牛

据岭坪村的农民们说,水牛比黄牛还勇敢,并且十分友爱。

有一年,岭坪村附近的山岭间,不仅出现了豹子,还有人从村子里看见:五六头老虎结成一队,从山上的树林里走过。那时,除了猎人有时出发埋伏外,夜间很多人都不敢外出。白天放牛,也相约结队出去。

那时,村里一共有六只牛:两只水牛,四只黄牛。这些牛好像也警觉到,会有凶猛的野兽来袭(xí)击它们似的,每天在山坡上吃草时,它们自己排开一个阵势:四只黄牛在中间围成一个圆圈,头向圈子外面,那两只水牛站在这圈子的外面,吃草时也一直警觉着山岭间的动静,好像很负责任的警卫员。

一天，果然有一头大胆的老虎，从密林里跳下来，想来掳获正在吃草的牛。可是那两只水牛一下子发觉敌人来了，都跳起来准备搏斗，其他四只黄牛也对着老虎支起牛角，准备一起迎战。那头老虎看见这阵势，就蹲在地上，摆动尾巴吼叫着，准备跳跃过来。那时，牧牛人身上带着一个锣，在这紧急关头，便赶紧敲起锣来……

村里的猎人听见锣声，都拿着猎枪赶来。只见那头老虎，已经向一只母黄牛猛扑过来，母黄牛拼命挣扎着。这时，那两只水牛猛力向老虎冲过去。老虎受到攻击，就放弃了母黄牛，咧（liě）开嘴龇（zī）着锐牙大声吼叫，张开利爪四边乱抓……猎人们这时已分散开，集中火力对准老虎射击。他们一共发了十弹，一弹打中虎颈，一弹射在它的前腿上。老虎负伤了，逃跑五六里，一路淌（tǎng）着血，倒在竹林后面山溪的沙滩上。猎人和牧牛人一道追寻，把它抬回来。这老虎有一百多斤重。

母黄牛受了伤，过了一个多月才恢复过来。一只水牛在和老虎搏斗中，折断了一边牛角，但是一点没有受伤。大家给它系上了红布。

我在岭坪村时，农民给我讲过这个故事。真的，那几只牛是多么勇敢呵。

洗澡的虎

有个地方，溪流的两边都是浓密的树丛。一个猎人悄悄地沿着这溪岸走着。他准备打鸟。那天，天气很热，树木一动不动，没有一丝风。他突然听见树叶发出沙啦、沙啦的声音，比风吹树叶还响。他吃了一惊，赶快在一块岩石后面躲藏起来。

在他的前面不远处，从密林里跳出一头老虎！有小水牛那么大，棕黄色的皮毛上，有许多深褐色的条纹。

猎人的枪里已经上了子弹，但不敢向它射击。他还是第一次遇见老虎。他小心地把自己掩蔽起来，一边窥(kuī)探老虎的去向。

老虎向溪边走去，站在溪岸上张望一下，于是一步一步地走到溪中去。难道它要涉水过溪去吗？

不是。老虎走到溪流的中间，便把身子浸（jìn）到水里去。一会，又站起来，摇摇身子，把毛上的水摇掉，还像老猫一样，用前掌抹一抹虎脸；接着，又把身子浸下去。原来它是跑到溪水里来洗澡的。猎人的胆子大起来了，他好像忘记那里是一头老虎，举起枪来一连向它开了五枪。

溪水一阵翻腾，溅起许多水花，枪弹的烟雾在空中飘浮着，后来便一点声息也没有了。猎人从岩石后面走出来，这才发现老虎真的被他打死了，血染红了溪水。

后来，附近的农民帮他把这头老虎抬回去。大家都说，这个打鸟的猎人真勇敢，也会打老虎。

雾　晨

我们的宿舍盖在山腰上。快近冬天的时候,早晨常常笼罩着浓雾。一天早晨,我从宿舍前的石级走下山坡,到江边去等渡船,进城买点东西。石级的两旁,是密密的松树林,灰蒙蒙的一片,什么也看不清楚。可是我一边走着,却听见有什么小动物在地上跳动着。我低下身来一看,原来是两只松鼠,一前一后,翘着蓬松的尾巴,在捡落到地上的松球。

那松林中的道路,它们是多么的熟悉。我看它们拖着拾到的松球,从雾中跑进松林的后面,一下子看不见了。

叶 笛

呵,故乡的叶笛。

那只是两片绿叶。把它放在嘴唇上,于是像我们的祖先一样,

吹出了对于乡土的深沉的眷恋,吹出了对于故乡景色的激越的赞美,

吹出了对于生活的爱,吹出自由的歌,劳动的歌,火焰似的燃烧的青春的歌……

像民歌那么朴素。
像抒情诗那样单纯。
比酒还强烈。

呵,故乡的叶笛。

那只是两片绿叶。把它放在嘴唇上，于是，从肺腑里，从心的深处，

吹出了劳动的胜利的激情，吹出了万人的喜悦和对于太阳的赞歌，

吹出了对于人民的权力的礼赞，吹出了光明的歌，幸福的歌，太阳似的升在空中的旗帜的歌！

那笛声里，有故乡绿色平原上青草的香味，

有四月的龙眼花的香味，

有太阳的光明。

雪从我们村庄的上空降落下来……

好像有很多的,很多的,
白色的蒲公英,白色的山百合花,
好像有很多的,很多的,
白色的野菊花和紫罗兰,白色的三色堇(jǐn)和酢(cù)浆草,从我们村庄的上空降落下来了;
雪从我们村庄的天空中降下了。

雪降落在我们村庄里的草地上。
雪降落在我们的山峦上和树林子里。
雪降落在我们村庄里的石头上,小径里,田埂上。
雪降落在我们村庄里所有的屋顶上,篱笆上;
雪降落在我们村庄里的池沼边。

雪降落在我们村庄里的溪流的两岸上和村前的石桥上；雪降落在溪流两岸的梅树上，乌桕（jiù）树上。

雪降落在站立在溪岸上的樟树和水磨坊上……

乌桕树和梅树上，铺着雪了。

山峦、林木，

池沼边的篱笆、木栅上，都铺着雪了。

溪岸上都铺着雪了。村前的石桥上和草地上都铺着雪了。

樟树上铺着雪了。

水磨坊的木屋上，都铺着雪了。

——而他的大木轮，仍然不停地在转动着，转动着又转动着，在挥着一串又一串的水的珍珠……

好像有很多的、很多的，

白色的山百合花和蒲公英，白色的酢浆草，紫罗兰以及白色的菊花，

从我们村庄的上空降落下来，

冬天的雪，从我们村庄的空中降下了……

秋的怀念

我说不清楚，为什么我的心中忽地如许舒畅？为什么我忽地有一个感觉，觉得在这个早晨，我们村里的天空多么蓝，多么深远？

为什么我的心中忽地有一个预感：

我走过村前的石桥时，一下看见桥边溪岸的石隙间有一丛野菊，开放许多蓝色的花朵；这一刻间，我心中一种朦胧的预感立时转成一阵惊喜，我想，使我欢喜的秋天，真的来到我们村间了？

桥下清澈的溪水，照耀着在晨光中初开的蓝色野菊，我看了，十分感动；无端地以为这野花好像在水中向我含笑，向我致意；我看了，又以为这照耀在水中的蓝色野菊，仿佛和我一样，正在回忆着曾经在什么地方最初相见……

回到村中住宅里时，看了一下壁上的挂历（这是我旅居于此小山村期间，壁上的唯一装饰），才知道此刻离立秋节还有五天。这时，我忽地又在心中想着，这山间的野菊今年提早开花了？村里自然界出现一个小小的特殊情景。秋的季节，今年比人间的习俗所规定的日期，提早来到了？

好像已成为习惯了，走到溪边的草径上，要回到村中去时，我喜欢一边走，一边从枝丫间看望深夜的天空。呵，一个晚秋的月亮已经升到中天，我从乌桕的赤裸的枝丫间看望这个月亮，感到今夜它是扁圆的；感到今夜它正倾注全部才情在空中发光，是黄色而明亮的。

我一边走着，一边从一棵又一棵乌桕的树枝间看望夜空，感到今夜的天空好像一座暗蓝的海，一座发亮的海；感到今夜云多，有许多白色的云从四面黑色的山峦和发光的林梢后面涌上来了。

我走到村前的石桥上时，站住了。我看见天上的白云，有的被月光照耀得好像海中的雪峰，有的像白色的海岛，有的像正在移动的、发亮的绵羊群；我看见这羊群四近有许多星星，也被月光照耀得好像发亮的百合花了。

这时，忽地有个想法无端地流过我的心间，以为这个月亮今夜成为世界的中心了，因为由于有了它，因为它发光，天空上一切都发亮了。

秋天的晚霞

那里,

好像有一座万顷的玫瑰园,

正在开放火焰一般的红色的玫瑰花和橙黄色的玫瑰花。

那里,

好像有一座万顷的果树园,

园中种着千万柑(gān)树,千万橘树和千万石榴树;树上正在结着黄色的火焰一般的果实,正在结着红色的火焰一般的果实。

那里,

好像有千万棵点着烛光的枫树,站立在火光照耀的山岗上。

那里,

好像有千万丛火般的杜鹃花，正在夸耀四月的绚丽，开放在火般闪光的山岗上。

那里，

好像有一座万顷的草原，

——草原上，好像正在燃烧千万堆爝（jué）火，有火般的牛和羊，有火般的牧人。

那里，

好像有一座无垠（yín）的海湾，

——它的海岸的悬（xuán）崖上和它的港口，到处升起爝火；它的波浪和船，好像正在向着无垠流动的火焰……

呵；在那里，

我看见那光明，那炽（chì）热，

那灿烂以及那豪华，那具有一种能够唤醒我的想象以及使我振奋的力量，那具有一种箴（zhēn）言一般的启示，

不仅作为我对于大自然的赐予之感念，长久留在我的心中，

更时常引发我对于美好世界之强烈的向往，执意的追求。

松坊溪的冬天

一

冬天一天比一天走近了。山上的松树林,还是青翠的。山上的竹林子,还是碧绿的。天是蓝的。立冬节以来,一直出好太阳。日光是金色的。

松坊(fāng)溪岸边一丛一丛的蒲公英,他们带着白绒毛的种子,在风中飘,在风中飞扬。蒲公英在向秋天告别吗?

冬天一天比一天走近来了。松坊溪岸边一丛一丛的雏菊,她们还在开放蓝色的花。

而山上的枫树,在前些日子里,满树全是花般的红叶,全是火焰般在燃烧的红叶,忽地全都飘落了。

看呵，看呵，在高大的枫树上，在枫树的赤裸的高枝间，挂着好多带刺的褐色果实。在枫树和枫树的中间，看呵，看呵，还有几棵高大的树，在赤裸的高枝间，挂着那么多的橙色果实，那么多小红灯般的果实，这是山上的野柿成熟了。

我忽地想到，这是枫树、野柿树携带满枝的果实，在迎接冬的到来。

二

下雪了。

雪降落在松坊村了。

雪降落在松坊溪上了。

雪降落下来了，像柳絮（xù）一般的雪，像芦花一般的雪。像蒲公英的带绒毛的种子在风中飞，雪降落下来了。

雪降落在松坊溪上了。像芦花一般的雪，降落在溪中的大溪石上和小溪石上。那溪石上都覆盖着白雪了：

好像有一群白色的小牛，在溪中饮水了；好像有几只白色的熊,正准备从溪中冒雪走到覆雪的溪岸上了。

好像溪中生出好多白色的大蘑菇了。

雪降落在松坊溪的石桥上了。像柳絮一般的雪,像蒲公英的飞起来的种子般的雪,纷纷落在石桥上。桥上都覆盖着白雪了:

好像有一座白玉雕出来的桥,搭在松坊溪上了。

三

又下了一场冬雪,早晨,雪止了。村子的屋顶上,稻草垛和篱笆上,拖拉机站的木棚上,都披着白雪。

山上的松树林和竹林子,都披着白雪。那高高的枫树和野柿树,它们的树干、树枝上都披着白雪。

远山披着白雪。石桥披着白雪。溪石披着白雪。从石桥上走过时,我停住了。我听见桥下的溪水,正在淙(cóng)淙地流着。我看见溪中照耀着远山的雪影,照耀着石桥和溪石的雪影。我看见溪中有一个水中的、发亮的白雪世界。

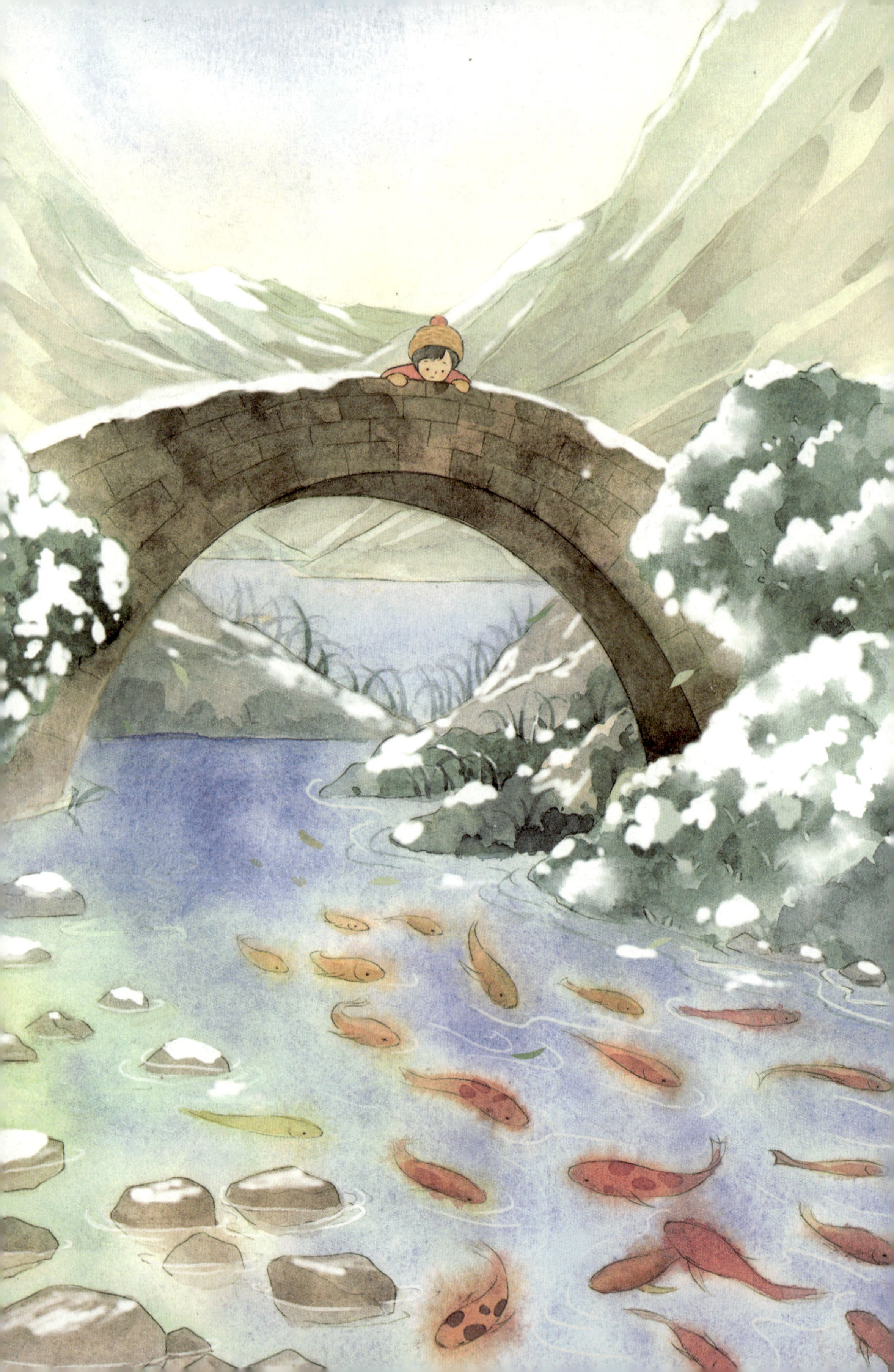

当我要从桥上走开时,我看见桥下溪中的白雪世界间,有一群彩色的溪鱼,接着又有一群彩色的溪鱼,穿过桥洞,正在游来游去。

忽地,我看见那成群游行的彩色溪鱼,一下子都散开了,向溪石的洞隙(xī)间游去,都看不见了。忽地,彩色的溪鱼又都游出来了,又集合起来,我又看见一群又一群彩色的溪鱼,穿过一个照耀在溪水中间的、明亮的白雪世界,向前游过去了。

鸟们的歌唱

过了我们村里的石桥,是一条石路。这条石路,两边是很深很深的竹林。春天来了。

很多很多的禽鸟都飞到村前的竹林里来了。它们唱着好听的歌。最有名的歌鸟,要算是画眉鸟和黄莺了。不知怎的,我有一个感觉:每只黄莺和每只画眉所唱的歌,只要你仔细地听,认真地听,不但会感到它们都唱得很好听,而且会感到它们唱的都是很有意思的歌……

记得有一天早晨,我过了桥,走上石路,听见有两只画眉鸟在竹林里唱歌。我觉得很好听,便停下步来,仔细听。听着听着,我感到中间一只画眉鸟的歌声,好像吹着竹笛一般好听,另一只画眉鸟的歌声好像吹着洞箫(xiāo)一般动人。而且我觉得它们唱的歌，都表达出一种意思，那便是它们的心里是多么快乐，晴朗的早晨是多么美丽。

记得有一天早晨，我过了桥，走上石路，听见有好几只黄莺在竹林里唱歌。我便停下步来，仔细听，越听越觉得好听，听着听着，我听懂了，觉得它们是在一齐歌唱一支赞美春天的曲子，一齐歌唱一支赞美春天的竹林的曲子；听着听着，我觉得有的黄莺唱歌的声音很清亮，有的黄莺唱得很激昂……

我们村里的鹡（jí）鸰鸟们，也会飞到竹林里来唱歌。我常常看见鹡鸰鸟们在我们村里溪岸的草地上，唱了它们自己谱出的歌，那歌声有点像溪水流过溪中岩石时的音调。有一天，我看见一群鹡鸰组成的歌唱队飞到竹林里的坡地上来，唱了它们所谱的歌曲；我也仔细地听了，听着听着，感到它们的歌，好像是一阵一阵的风，在吹着竹叶的声音。我听了，心中感到很快乐。

竹鸡们原来也会唱歌，这是我最近才知道的。一个星期天，我要到红军田去锄草。我走过村前的石桥，走了一段石路，便从竹林边沿着一条山涧岸上小径走。从这条小路到红军田比较近。我走了一段路,听见竹林里传来"咯——咯咯——咯咯咯"的声音。我不觉停下步来听着,知道这是竹鸡们在唱它们自己的歌。这时,一阵风吹起来了,我看见有很多很多黄色的竹箨(tuò)、褐色的竹箨飞到小涧里来,随着流水在小涧里好像船队一般开始航行;这时,我看见几只竹鸡站在竹林边的草丛间,对着小涧中随着流水航行的竹箨的船队,激昂地唱着:

"咯——咯咯咯——咯咯!"

接着,我又听见黄莺们也飞来了,唱着:

"恰恰!恰恰恰!"

随后,我又听见画眉鸟们也飞来了,唱着:

"吱——呱——吱吱!"

我听着,觉得这是竹鸡、画眉鸟和黄莺们在齐声唱一支送行的歌,唱一支向竹箨的船队送行的歌。它们的歌真好听!

白　鹇(xián)

村里人说，竹林里最美丽的鸟是白鹇鸟。有一次，老支书向我们讲红军的故事。一九三一年，有一支红军经过我们村里，要到江西去，由他带路。当年红军都是深夜行军的。老支书送红军到江西边界时，江西那边又有交通员来领路。老支书回来时，他在高山坡的竹林里，一下子看见四只白鹇：

"好像四只雪白的孔雀，从竹林上边飞过去。那时，太阳刚刚升上来，照得竹林里的露水，闪闪烁烁，好像数不清的宝石珍珠。白鹇从竹林上边飞过，真是非常好看！"

可是，我每次经过竹林里，都没有看到白鹇鸟飞来。真的，我在竹林里看见过山鹧(zhè)鸪(gū)、松鼠、竹鸡、雉(zhì)鸡、穿山甲，有一次遇见一只小山麂（jǐ）从我面前箭一般闪过去，跑向高山坡上的竹林深处里去。可是，我就是没有看见过白鹇鸟。

今年清明节，我们采了好多杜鹃花，一路上又采了一些草兰花，要到高山坡上，为红军坟扫墓。这高山坡地带，快接近江西边界了。山很高，竹林很深很密。在艰苦的革命战争年代，一支红军队伍在这一带宿草寮（liáo），住山洞，坚持战斗。有一次在江西战斗中，一位红军排长受伤，在深夜里，战友们用竹床，把他抬到这高山坡的山洞里疗养。因为伤势太重，后来不幸逝世。他的墓便筑在这高山坡上的竹林里。

我们把红的杜鹃花，粉红的杜鹃花，白的和黄的杜鹃花，还有很香很香的草兰花，放在墓前。我们在红军墓前肃立，向红军先烈致少先队队员的敬礼，又唱起少先队队歌。

正当我们刚刚唱完队歌时，我们看见四只雪白的鸟，好像四朵雪白的云彩，从竹林上面飞过：难道真的看见白鹇鸟了？呵，是白鹇鸟！多么好呵，不一会儿，这四只白鹇鸟便又飞回来，看呵，白鹇鸟当真多么美丽！它们的羽毛都是雪白的，它们有雪白的羽冠，有雪白的长尾羽；它们当真美丽好像雪白的孔雀！看呵，四只雪白的白鹇，它们把雪白的羽翼好像羽扇一般张了开来，在飞舞！它们用好看的舞蹈向红军先烈致敬么？

这时，太阳光照得竹叶上的露水，闪闪灼灼，好像竹林里有数不清的宝石，数不清的珍珠开始发光了。

今年清明节，我们到高山坡的竹林里，为红军坟扫墓，看到四只美丽的白鹇鸟了。

采 红 菇

  在我们这个小山村里,初夏的清晨是明亮的、美丽的。天上有一个白色的月亮,还没有降落下去,太阳已经升上来。这时候,溪岸上的乌桕树、梅树、桃树都是绿荫满树了,只见它们的树梢都照耀着太阳光。这时候,我看见有好多鹡鸰鸟,从乌桕树上飞到梅树又飞到桃树上,不住地飞来飞去,不住地唱歌;一会又看见它们从树上飞到明亮的溪岸草地上唱歌。我想,一定是这美丽的早晨,使它们快乐,叫它们唱歌。

  从村前望过去,松坊冈上的松树林却还显出一种幽暗的气氛,虽然那里林梢上也照耀一片金色的阳光。前两天村里下过雨。松树林间是潮湿的,这时望过去,好像有一缕一缕乳色的雾气从林间升上来。正是这样的天气——下过雨，又出了好太阳；正是这样的时节——初夏时节，我们松坊冈上要生长出好多好多鲜野菇了。我满心欢喜地走过村前的石路，随后急步上了松坊冈。

我沿着松树林中的小道向前走。林间有一种潮湿的霉味，又有一种清淡的香味。真的，林地上到处生长好多鲜菇了，有的鲜菇是暗灰色的；有的鲜菇是黄色的，上面有白色的小斑点。有的鲜菇是淡灰色的，上面有紫色的小斑点。好多好多的鲜菇，好像童话中小仙人撑开各色小伞，旅行到林间来游玩，来聚会了。这时节，也是松树林里松鼠很活跃的时节。松枝上，林地上，到处看到许多松鼠在奔跑。有的松鼠看见我，一点不害怕，甚至停下来对我看着。我看见两只小松鼠，围着丛生在一棵老松树根旁的鲜菇跳来跳去，显出非常快活的样子。

我是来采野生的红菇的。这季节，其实还不是采红菇的季节。到了八月，才是真正到了采红菇的季节。但是，这时节生长出来的红菇，虽说不多，却很鲜美。我一直走到松树林与一派榛（zhēn）树、枫树的混合林连接的山坡上，在铺着阔叶和针叶的林地上，一朵一朵的红菇生长出来，真是好看得很。不知怎的，看到这林中的红菇，我心中会编造出一个童话来：一群撑着红伞的小姑娘，从林中出来，要到一个到处是鲜花的村庄里去旅行，有山鹧鸪，有山麂的妈妈领着它的孩子来送行！

这林中，其实我并没有遇到山鹧鸪，也没有看见山麂和它的小麂们。我只看到这里有许多松鼠。

这时，我便开始采鲜红菇了。采着，采着，忽地感到从我头顶有一片红色的东西掉下来——哦，也是一朵鲜红菇就掉在我的装鲜红菇的竹篮里！我抬头一看，原来是榛树上有一只小松鼠，它的前爪抓得不紧，把要准备拖回自己窠里去的红菇掉下来了！我看见它吱吱吱地叫了一阵，随后又从榛树上轻快地跳到林地上来，它又要继续采红菇了。

我采了满篮的红菇回到村里时，初夏的太阳已经升得很高了，溪水中照耀着闪闪的金光。

初 霜

下午，天气很暖和。老支书却说，可能要下霜了。到了傍晚，霜风真的吹起来了。这时，西边山峦后面好像烧起了熊熊的炉火，一片红霞。溪边和近处山上的树林，沙沙发响，黄叶纷纷地飞着。

到了夜里，真的下霜了。大约夜里十点多，我跟老支书从生产大队队部，要回到村里去。我们沿着溪边的小路走着，我看到草地上、溪岸边一棵一棵落叶的乌桕树、桃树、梅树上，都凝聚着很浓的白霜。我从梅树和乌桕树的枝丫中间，望见暗蓝的天空上，没有一丝云。一个月亮，疏疏落落的星星，非常明朗、美丽……

老支书的步子走得很快，我的步子也跟着走得很快。这样，身上感到暖和。大队部在上村，要回到我们下村，有三里路。我跟着老支书很快就走到我们下村前的石桥边。我看见石桥边的石栏上，也凝聚着很浓的白霜，在月光下闪闪发光。我想，今晚的霜下得真大。

"注意！"

老支书拉了我一下，让我停步下来。在霜夜的寒气里，我忽然闻到一阵臊（sāo）味。说时迟，那时快，一只有长尾巴的、棕灰色的野兽从我们身边刷地闪过去，又箭一般地闪过石桥……

过了石桥，在我们村庄的晒谷场四近，有许多稻草垛（duò）。我一眼看到那只棕灰色的野兽正往稻草垛里钻进去，我想：它要在里面躲藏起来，并在草垛里取暖……

"是山獾（huān）！"老支书说。

"捉它，好不好？"我向老支书问道。

"不要惊动它！"老支书交代我。

这时，我们正走过石桥，走到堆在晒谷场旁的稻草垛前来。我立刻听到一阵小动物的鼻息声。它感到惊慌？它心中的确很害怕，以为我们会来捉它吗？我很快看到在稻草垛里有一对绿宝石般发亮的目光！哦，这只躲进稻草垛的山獾，原来两只眼睛旁边有白斑点，嘴巴和鼻孔好像长在一起，那鼻息好像从鼻孔和尖嘴间同时呼出来。看起来，此刻它的确很害怕、担惊！

老支书告诉我，山獾会在森林里的大树下面，在山崖下的土丘旁边筑洞。它们到了冬天，便躲藏起来，好像青蛙一样，过冬眠的生活。

老支书说，这只山獾，说不定是它今年最后的一次活动。它在夜里出来觅食，在它到自己的土洞过冬之前，寻找一顿丰富的晚餐。山獾会捕捉田鼠、土拨鼠。

当我跟着老支书刚刚走过稻草垛——才离开晒谷场不太远的地方，我回头一看，恰巧看到这只有长尾巴的、棕灰色的动物，已经从稻草垛里钻出来，一下子箭一般地又闪过石桥去了……

这时，霜下得更浓了。

麻雀的拜访

江上有好多的木排，好像没有挂帆的木船，结成庞大的队伍，向着下流漂去。

这是有趣的漫长的旅行。运送木排的工人，带了足够的粮食，要在江上过许多个白天和黑夜。

他们在木排上自己煮饭。丝丝的白烟，冉(rǎn)冉升起，在空中被风吹散了。

这时，从江岸上，从遮蔽在树丛中间的村庄里，飞来一大群麻雀。它们有六十多只，飞过江面，统统停在木排上了。

它们在木排上跳着，"叽叽喳喳"地叫。过了一会，"呼——啰"一声，由一只麻雀带头，许多麻雀一起飞起来，——飞过江面，统统降落在江岸上的树丛里了。

沿江的村落里，常常有这样热情的客人，成群结队地飞到木排上，做短时间的访问。

喜鹊搬家

我们的村子里,沿着河岸长着一行高大的枫树。

我常常在树下休息。去年,我看见在那棵最高大的枫树上,搭了一个喜鹊窠(kē)。这是用许多粗粗的枯树枝搭成的,好像一个黑色的篮子,高高地挂在树梢。

早晨,太阳刚从地平线上升起来,河面上的雾气还没有消散,喜鹊便从窠里飞出来,站在树上快乐地叫着。

到了冬天,美丽的枫叶纷纷飘落下来。没有树叶遮蔽,那个鸟窠便显露在高枝上,从村子里很远的地方,都能够看见它。

但是,喜鹊每天从外面飞回来时,还是停在树梢,快乐地叫着。风从枝间吹过,喜鹊身上的羽毛,轻轻地扬起来。

　　春天不觉又来了。枫树又长了满树的鲜叶。阳光晴明，在蔚蓝的天空下面，这许多枫树是多么美丽。一天，我沿着河岸走着，准备回家去，走到树下，抬头一看，看见两只喜鹊不声不响地，把原来鸟窠上的枯枝，一根一根地衔到旁边的枝丫上来。我想：难道喜鹊搬家了？

　　我想得不错。一连几天，这两只喜鹊都在搬家。它们拆了旧窠，搬到旁边的枝丫上搭起新窠来。这喜鹊多么聪明，一些被风雨吹淋得松脆的枯枝，它们都不再使用了，统统丢在地上，又衔了新的树枝来补充。

　　我知道：喜鹊下蛋的季节快来了。它们要搭起一个干净的、整齐的新窠，盖起一个新的宿舍。

　　它们想得多么周到。

睡 莲

有一次,我在深林里走了整整一个下午。我第一次走进这一脉树林,没有领路的人,一人独自试着到处走。

差不多走了三里路,林子便显得格外浓密。山上长着这么多的树木,松树、枫树、楠树、杉树、枞(cōng)树,还有野生的杨梅和山楂树。我把自己知道的树名,都记在本子上。还有一些不知名的树木,我把它的树叶采下来,夹在笔记本里,小心地保存着,准备请教当地的老百姓;也带回学校里去问问教自然的老师。

山势慢慢地陡峭。翻过一道山岗,在前面的峭壁下面,忽然出现一个水潭。我赶快跑过去,想不到这个水潭里,开放着那么多的睡莲花,它小小的碧绿色圆叶，铺满了水面，那些洁白的花朵便开放在绿叶中间，是那么的美丽。

我把睡莲的名字，也记在我的笔记本上了。真没想到，这丛林里也有睡莲花。我想，回到学校时，一定要把这件事好好地告诉老师和同学。

我继续向前走，树林显得更加浓密了。许多野藤盘绕着高大的树干，地上密密地长满了孔雀尾一般的羊齿植物，树根上长出各色各样的野菌，好像童话中的小仙人的雨伞。还有很多的木耳，长在树干上。天气晴明，但是树林里却是那么阴凉，只能透射进一些细碎的阳光。树叶上，不时落下一些水滴，掉在我的头上。

这一次到树林里来，我记下很多树木和其他植物的名字。奇怪的是我除了看见几只松鼠在树上追逐外，没有碰到一头野兽。

回来的时候，经过那个水潭，我没有忘记去看看那些洁白、美丽的睡莲花。天快暗了，睡莲花的花瓣都合起来，它们很早便睡觉。

雷击的松树

夏天，常常下着雷雨。有一天傍晚，天空的西北角涌起了浓密的乌云，接着刮起一阵巨风，山上的树林呼啸着。

不久，黑云中间像开了一道水闸（zhá），大雨便倾泻似的降落下来。随着，一道闪光照亮了整个山谷，雷声在山顶近处的树木中间轰鸣。

大雨从傍晚一直落到深夜。第二天，天空像湖水一般发蓝，阳光又洒满了整座的树林。山间充满着哗哗的响声，许多水流沿着沟壑（hè），灌注到山溪里去，溪流涨满了。我穿过丛林向低洼处走着，忽然发现一件新奇的事情：在山溪旁边的一排杂木林中间，有一棵高大的松树，昨晚受到雷击。

这棵松树没有倒下来，也没有被烧焦，它的枝叶还是那么苍翠。雷火从树根沿着树干一直烧上去，把树干的表皮烧成一道黑炭似的伤痕。远远看去，好像一条粗粗的黑绳索，从青枝间垂挂下来。在伤痕的旁边，松树流出了香喷喷的树脂。

　　我们常常到树林间来采野菌和采树脂。但是，这回我舍不得把那许多树脂刮下来。因为这些树脂，能够很快把松树的伤口缝合起来。

草丛间的童话

溪边的草丛

走过我们村庄的石桥,你能够看到,在石桥和那用鹅卵石垒(lěi)筑的溪岸相连的地方,有一大片草丛。

不知怎的,我有时会在心中想着,那一大片草丛是一个小小的、快乐的村庄。

不知怎的,我有时会想着,那快乐的小村庄里,有许多用草茎和草叶编成的小屋。

那小屋有门,有许多窗;那许多窗,每天都打

开着。早上,让太阳光照进来;晚间住在那里的人,从窗口看望天上的星星和月亮。

不知怎的,有时我还会想到,这个草丛的村庄,每家的门前有一个花园,种着很多花。

呵,可真的还有一个草丛的村庄,不就建筑在我们村庄的石桥和溪边相连的地方吗?

我听见纺(fǎng)车的声音

今天晚上,月亮已经升得很高很高了。我看见今晚的月亮,是扁圆的,是黄色的。

我看见今晚的月亮,从溪边的乌桕树的树枝间,向那个草丛的村庄照耀着一大片清光了。

这时,我心中忽地想起来了,那个草丛的村庄里,也住着好多好多的小孩子吗?

我一边想着,一边听着。

呵,可是真的,慢慢地,慢慢地,我听见有一阵一阵纺纱的声音传来了;听见有一阵一阵摇着纺车的声音,正从那个照耀着月光的草丛的村庄里传来了。

我一边听着,一边向那个草丛的村庄里眺望着。

呵,可是真的,慢慢地,慢慢地,我看清楚了;我看见那个草丛的村庄里,有一家用草叶编成的窗正大大地开着。

我眺望着那窗口。我看见那窗后面的屋里,坐着一位小姑娘;她的面前坐着她的祖母。

——我看见那个小姑娘和她的老祖母,身上都穿着轻纱般的、淡绿的衣裳,她们把这轻纱般的衣裳张开来,便是能够飞翔的轻翅。

我听见那老祖母给那个小姑娘说一个故事,一个能够织布又会打仗的古代女孩子的故事,又教着那个小姑娘读着诗:

　　唧唧复唧唧,
　　木兰当户织……

我看见那小姑娘,轻轻地扇开她那轻纱般的衣裳,听着老祖母讲故事,又跟着老祖母朗诵着:

　　唧唧复唧唧,

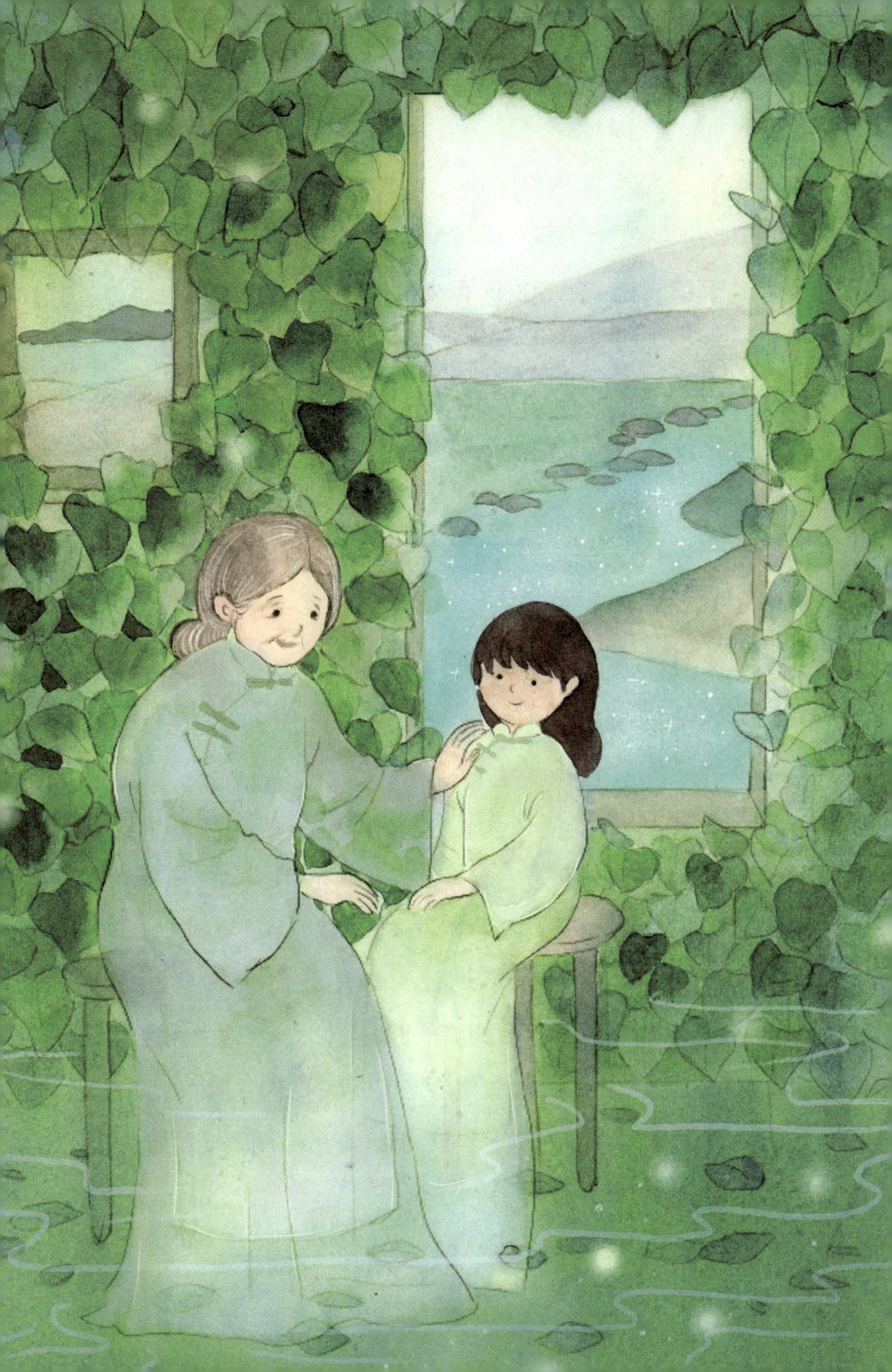

木兰当户织……

　　于是，听呵，整个草丛的村庄里，都传来了纺车的声音，这真是多么好听的劳动的声音呵。看呵，天上一个扁圆的、黄色的月亮，也悄声地听着，把一大片清光洒到那个草丛的村庄里了。

我听见小提琴的声音……

　　夜间，月亮已经升得很高很高了。我看见这个月亮从溪边乌桕树的枝丫间，把一大片清光洒到溪边那个草丛的村庄里了。

　　这时我静静地听着；呵，可是真的，慢慢地，慢慢地，我听见那个草丛的村庄里，传来一阵又一阵小提琴的演奏声。

　　——呵，我听人家说过，那草丛的村庄里，住着一位少年音乐家，名叫"蟋蟀"。他是一位很好的、勤奋的少年，天天晚上学习演奏小提琴。因此，后来他成为童话世界里一位少年提琴家，这优美的小提琴声，是他演奏的吗？

呵，真的，真的，有一阵又一阵小提琴演奏声，从那草丛的村庄里传来了。

那小提琴拉得多么好呵，我静静地听着，听着。

一会听来，感到那琴声，好像是泉水从山谷里流到溪中来了。

有时听来，好像是给一位小姑娘唱的一首儿歌，拉着一支伴奏曲。

一会听来，感到那琴声，好像是一阵细雨打在竹林里的声音传来了。

我静静地听着，听着。

感到这小提琴的演奏声，可真是多么好听呵；我一边听着一边想，这小提琴的演奏声，是从那个草丛的村庄里，一座露天的音乐厅里传来的吧？那村庄里，今晚真的在那音乐厅里开一个月光音乐会吗？这小提琴真的是那位少年音乐家蟋蟀演奏的吗？一定有好多好多的小孩子来听演奏呵？……

听呵，那草丛的村庄里传来一阵又一阵小提琴的演奏声；看呵，天上一个扁圆的、黄色的月亮，也在悄声地听着，把一大片清光洒到那个草丛的村庄里了。

月亮躲到云里去了……

夜云从山岗和林梢后面涌上来了。

月亮向云中游进去了,躲到云里去了。

夜把轻纱的幕垂下来了,垂到那个草丛的村庄里了。

这时,我看见草丛的村庄里,那些用草叶和草茎编成的小屋,有的把窗关上了,有的把电灯扭暗了。

这时,我听见纺纱的小姑娘和她的老祖母上床休息去了。

这时,我看到草丛的村庄里,月光音乐会散场了。很多很多的小孩子,都离开那座露天音乐厅了……

那么,我这个编造出来的童话,现在也暂时不讲了,我也休息去了。晚安!

童话诗

小郭在林中写生

一

小郭在林子里画画,
嘘,他画得多么好呵。

和他一起来的,
还有他的哥哥元元,和妹妹小囡(nān)。

星期六的下午到了,
他们便到郊外来游玩。

小郭老早就准备了色笔,
还有几张画纸。

郊外的风景真好，
秋天的太阳，好像一朵向日葵。

快要收成的稻穗（suì）在田里唱歌，
他们的歌谱是黄色的，而且有那么大张。

天空蓝澄（dēng）澄的，好比一块玻璃，
而且像一块蛋糕一样地发香。

呵，小郭他们三个兄妹，
在郊外的路上走，心中多么高兴。

小郭走在最前面，
嘘，他要到前面的林中去画画。

二

哥哥是一个高中的学生，
可是他不要画画，好羞人！

他吹着口琴,
和小囡跑到远远的,林子里的尽处。

小郭便坐在树根上,
拿出色笔,开始写生了。

他看见一个农民叔叔,
牵了一条大肚子的水牛,从前面走过。

"请你停一停,农民叔叔,
我要给你画张好看的图画。"

可是那位农民叔叔没听见,
还是向前走,不肯停下来。

他的旁边坐着好几朵小野花,
什么都看见了。

可是她们不向小郭打招呼,

小脸涨得红红的，好像生气了。

小郭马上向她们点头，
他问候道："你们好呵！"

而且，他马上换了座位，
他打算给小野花们画画了。

"可是，你不要替我们画画。"
小野花害羞地说。

三

"我当真画得很好了，
可是，你们要安静一些。"

小郭向她们说：
"你们一动，我不能够画了。"

小野花们都笑起来，

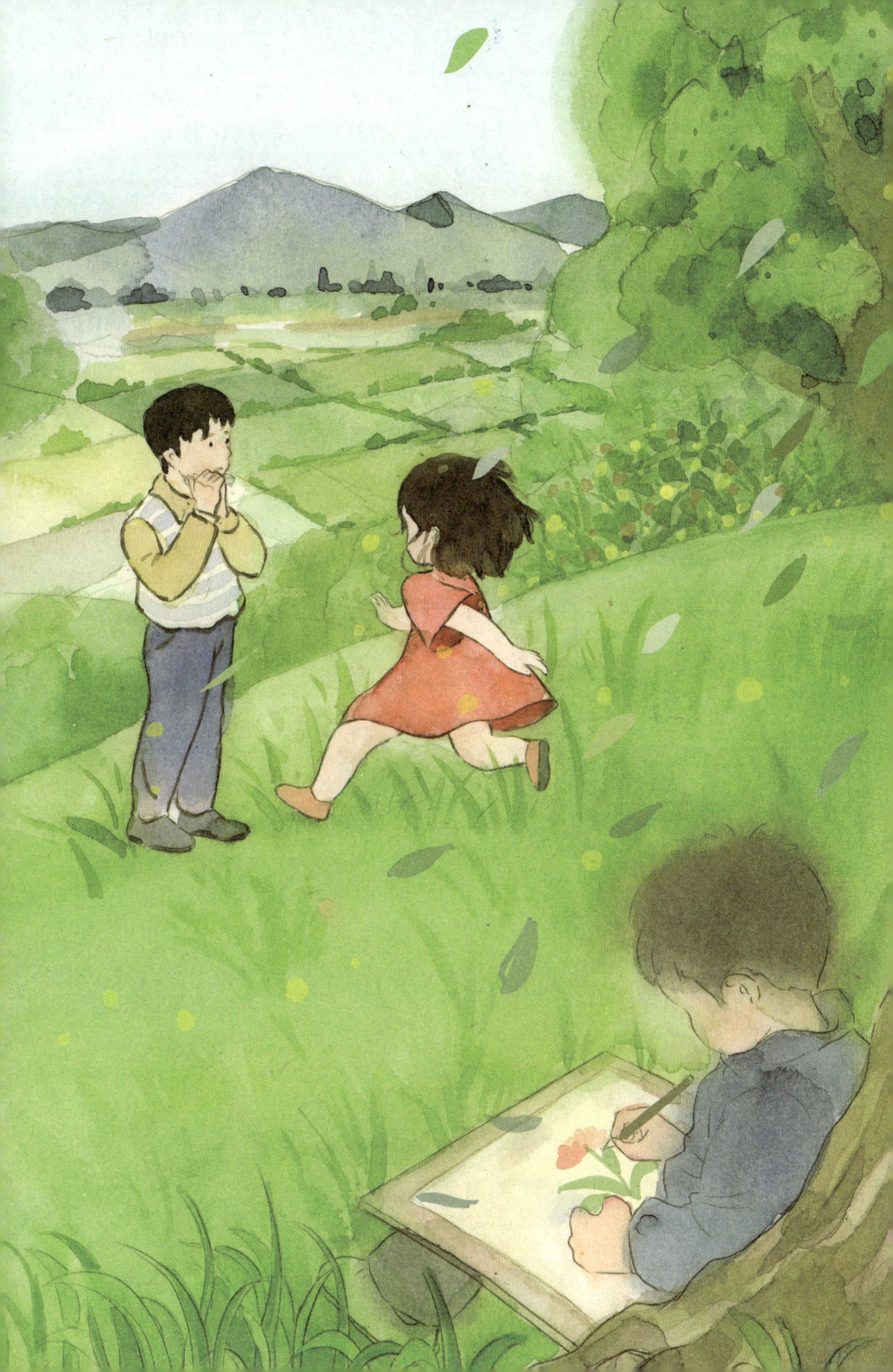

笑得身子很弯，再也不能坐好。

很顽皮，很不好画，
很不好画呵。

"这样子在课堂里，"小郭回忆地说，
"要给老师骂的！"

"可是，这样地坐着很不快乐的，
你又没有讲故事……"

小野花们安静了一会。
等下又动起来。

而且，那俏皮的风，
老在树叶间逗着她们，使她们爱笑。

小郭没有办法了，他停了色笔，
侧着头想了一会。

"好了,"他笑着说,
"我就画你们顽皮的样子……"

四

嘘—— 嘘——
哥哥和小囡从前面回来了。

小郭想起了他们,
他赶紧站起来欢迎他们。

"我替小野花们画了画呢。"
他赶紧把画给他们。

"你画了滑稽(jī)画了。"他的哥哥说,
"怎么在一个花托上画了两朵花呢?"

"那是表示她们很顽皮,"他认真地说,
"她们的头老是东摇西摆!"

"可是画得很好看,"小囡插嘴道,
"你为什么不把我也画上呢?"

于是,他的哥哥吹着口琴,
他们要走出这个林子。

"再会吧!"他们说。
"再会吧!"小野花们说。

豌豆的三姐妹

豆 荚(jiá)

小小的豌豆。
睡在绿水晶般的豆荚里。

那豆荚里面，铺着很柔软的天鹅绒(róng)。
它的四周装饰着许多绿叶。

我们的小豌豆，不知道睡在那里
多久了：在那奇异的小床里。

我们不知道，她们做了多少甜蜜的梦了，
那位梦的老人，向她们说了多少故事。

她们的回忆

在那奇异的小床里，
睡着豌豆的三姐妹……

"我记得，"小妹妹说，
"我们以前是一朵十字形的小花，

"我还记得，我们有一个香袋，
散着清馨的香味……"

"对了，"二妹妹接着说，
"那时候，我们有好多朋友；

"我很喜欢蜜蜂，那位有点儿莽（mǎng）撞的
小孩子，他会用吸管吮着我们的蜜！"

"他是一位很好的孩子。"姐姐说。
于是，二位妹妹都静心地听着。

"他是一位努力的孩子,"姐姐接着说,
"他喜欢工作,还会造六角形的小屋。"

农民阿婶和小鸭

"我们还有一位好朋友,
就是那位老农民阿婶,她每天都来浇水,

"她还为我们编了一道篱笆,
她在田里做了好多工作……"

"我记得了,"二妹妹愉快地说,
"姐姐,我记得她戴着一顶雨笠……"

"我也记得了,"小妹妹拍着手,
"有一天她说,小鸭过三天就要孵出了,

"姐姐,我常常想,
小鸭也会像小鸟一样地唱好听的歌吗?

"但是,我不知道三天过去了没有,
我想,我们和她可以做很好的朋友……"

"她们老早孵出了呢,"姐姐笑着说,
"可是她们天生了一只又长又扁的嘴,

"这样,她们每天只能嘎嘎嘎地叫,
说着最简单、老实的话。"

"可是,最老实的话,"二妹妹沉思地说,
"不是最能打动人的吗?

"我有一位好朋友,她写信说,
她家里有好多小鸭,因此我很爱小鸭子……"

"那么,让我们写信
请她们来玩吧!"小妹妹提议说。

"不,她们还很小呢,"姐姐说,

"她们睡在老农民阿婶做好的草窝里;

"因为她最疼爱幼小的生物,
小鸭、小狗,豆和瓜们……"

小 学 生

"静静地听吧,"姐姐说,
"小学生来了,

"我们在这里,
唱一首歌来欢迎他吧!"

小学生来了,
拍着小手,穿着翻领衬衣。

他很快乐,
他坐在豌豆的旁边。

"小学生叔叔,"小妹妹致欢迎词,

"你好呵,我们来谈谈话吧!"

小学生惊住了,
但他马上相信声音是从豆荚里发出的。

"豌豆姑娘,你好呵,
——我们谈些什么好呢?"他想着说。

"请你说一个故事吧!"
二妹妹马上说。

"呵,那多么好,
我讲安徒生的童话:《豌豆上的公主》!"

于是,三姐妹都静静地
坐在小床上听着,脸上现出惊喜……

等了一会,
小学生的故事便说完了。

"小学生叔叔,
你说得多好呵,我们多么喜欢你!"

"真的,"小学生说,"我一看到你们
那简单的、美丽的小床,便想讲故事了!"

晚 安

小学生回去了,
晚上来了。

我们的小三姐妹,
静静地睡在那绿色的小床里。

星星撒下祝福,
为好心的人们,露水也撒下珍珠了……

梦的老人,走进叶丛了,
而我在这里,向你们道一声晚安!

小野菊的童话

夏季的草径

那个可赞美的夏季已经来了。
他用浅绿的草叶,
在林中铺了一条草径。

一条很好的草径;
那是他们的游戏场;
我们的小野菊和蒲公英游憩的地方。

那是很好的游戏场,
我们可以想得到,旁边还有一道
绿色的篱笆围绕着。

我们可以看见,他们就在篱笆的后面,
和从叶间漏下的阳光,嬉笑着:
那个可赞美的夏季已经来了。

童　话

小野菊坐在篱笆的后面,
侧着头,想道:

"我长大了,
要有一把蓝色的遮阳伞;

"那时候,我会很好看,
我要和蜜蜂谈话!"

站在她旁边的蒲公英,插嘴道:
"可是,那有什么好呢?"

小野菊马上问道:

"可是，你会比我好吗？"

"我长大了，会有一顶
旅行用的，黄色的小便帽；

"我要带一只白羽毛的毽（jiàn）子，
旅行到很多的地方！"

小野菊沉思地说："那真的很好，
可是，我不要像你！"

朋　友

蒲公英和小野菊，
已经成了
很要好的朋友。

那位小野菊，我们看着她长大的，
现在长成了一位沉思的、天真的小姑娘，
这是很好的，

诗人们都因此赞美她。

而那位蒲公英，
也到了使我们喜欢的年纪：
呵，一位活泼可爱的少年，
喜欢在南风里，踢着白羽毛毽子的少年。

有时候，我们看见
他们出来散步了……
不由得不使人猜想，是一对小恋人。
呵，沿着草径，
现在他们谈论的是一些什么呢？

蒲公英的信

他们在一起散步很久了。
而且他们一定说了
很多稚气的话吧？
小野菊说："我现在感到散步的趣味了，
但是，我得回去了。"

——蒲公英,没有答话。
他们站在草径的分路口,
用沉思的目光,互相看了许久。
后来他说:"你就回去吧,
也许你的妈妈,等你等得很久了。"
小野菊摇摇头,
但是,她马上就从
那条用小草叶编成的篱笆后面走回去了。
蒲公英在她的后面,
轻声地说:"可是,你等一等,
明天,请你早点来,
我要写一封信放在这篱笆的旁边,
我觉得,
有很多的话没有说完……"
第二天,她当真很早就来,
她希望不要看到他的信:
"那一定写得很好,
我怎么写回信呢?"
一只金丝雀站在树枝上叫了一声,
她连忙把——

那封信拾起来，放在自己的花布袋里，
感到心房跳得很厉害！

野 会

在林中的草径上，
小野花们都聚会在那里了。
这夏天的假日，他们打扮得多么好看……

林中充满了生气，
他们都在拍着小手，
嬉笑着，欢乐着……

那真是一个很热闹的聚会。
蒲公英老早就站在那里，
他要表演白羽毛的毽子……

多么好的技术，没有一个人
不惊服的。那踢法是按照
风的旋律，完全是艺术的、新颖的……

"那真是踢得好呵，"小野菊想，
"那简直是舞蹈，
真是值得赞美呢……"

小野菊侧着头，看得那么痴情。
她和穿着新衣的紫罗兰坐在一起，
坐在那把蓝色的遮阳伞下面……

秋 天

（秋天来了，蒲公英和小野菊
手携着手，走出这条草径。）

他们在林中散步。蒲公英说：
"我们要离开了，大家唱一支歌吧？"

"可是，我怎么也唱不起来，
我只希望在这里多站一会儿。"

蒲公英老是走在前面。（走得有些快呢！）

"再站一会儿吧!"小野菊说。

(秋天来了,小野菊和蒲公英
要离开这条草径。)

他们缄(jiān)默地对看了许久,
蒲公英说:"那么,我送一件东西给你。"

"那好极了,"小野菊说,
"可是什么东西呢?"

"我送几张画片给你,
而且我采一叶蕨(jué)草插在你的头发上:

"为了纪念这个短促的夏季
和这条草径吧!"

(秋天来了。小野菊和蒲公英
手携着手,走出这条草径。)

童话散文

抽屉里的晚上

番婆仔睡在一只书桌的抽屉里。这是一个美丽的晚上,番婆仔今晚第一次睡在这个抽屉里。我们可以代替她说一说,这间分配给她的新的寝室是格外使人满意的。

月亮的明光照到这个房间里来,使我们可以把许多东西看得很清楚。这是一个小学生的房间。但是,我们还是来说那个抽屉吧。抽屉一半开着,月光照到抽屉里来,我们可以看到番婆仔的小床,那是一个散发樟脑香味的纸匣(xiá)。因为这个纸匣里以前放着小学生的许多画片,小学生的妈妈便在纸匣里撒了点樟脑。这樟脑的香味,现在还停留在这个纸匣里,时时散发出来。

"呵,这是怎么一种美丽的花朵散出来的香味?"

番婆仔梦见自己在一个可爱的山谷里游玩，山谷四面有绿树，开放无数的鲜花。

"这哪里是花的香味？——"

番婆仔在梦中听见一把手杖和她说话。这把手杖个子瘦高瘦高的，他和番婆仔以及洋伞、手提包们一起排列在商店的橱窗里。番婆仔在梦中又见到了这个瘦高的手杖。

"当然是花的香味。"番婆仔说。

"不是，不是——"手杖说。

番婆仔想再争辩，忽然听到一阵吃吃的笑声。番婆仔这时有点醒过来了，她拨开披在身上的被单；这被单原来是一方好看的手帕。

"那是樟脑的香味。我们觉得很好闻，可蟑螂和蛀虫们闻到这种香味，便老远地跑开！"

这是正直的铅笔说的话。我们知道，所有的铅笔起初是不会说话的，等到被小学生削尖笔头，吐出那根墨色发亮的铅心来，便会说话。现在正是一支削好的铅笔在向番婆仔说话。不过，这时番婆仔还不清楚自己是在什么地方，因为她还未完全醒过来。

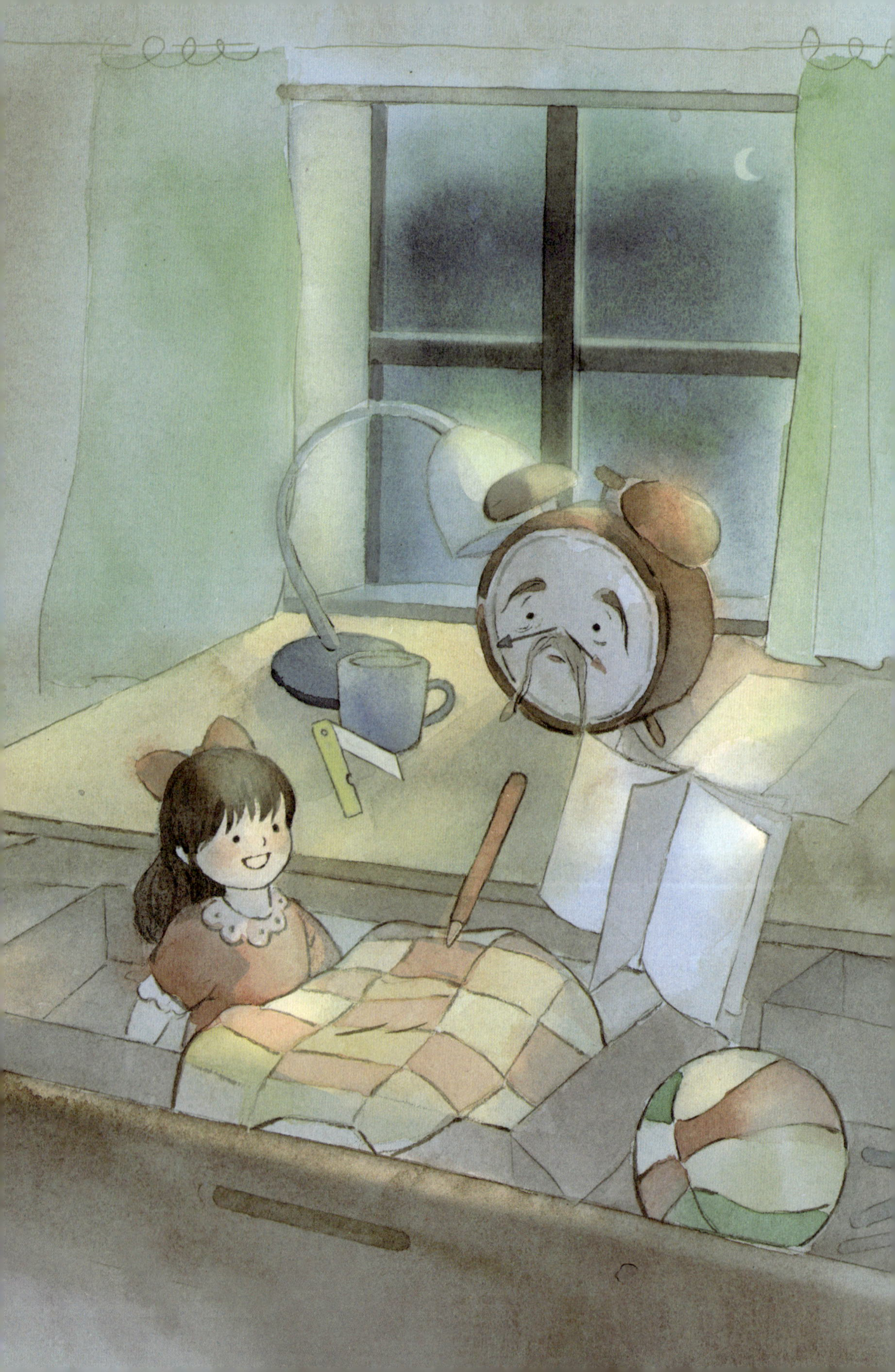

"真的，这是樟脑的香味，不是花的香味——"

番婆仔一边说着，一边把美丽的大眼睛向四边看着，这使她奇异起来，这里不是可爱的山谷，这里也不是商店的橱窗……

"呵，这里是什么地方呵？——"番婆仔自己对自己问道。

番婆仔的这许多新的同伴：铅笔、皮球、小笔记本等，都比她早点醒过来；他们在小学生书桌的抽屉——这个公共寝（qǐn）室里已经住许久了。铅笔是一位正直的好孩子。他准备告诉番婆仔，这里是他们的公共寝室；俏皮的皮球想向这位新来的小朋友开一个小小的玩笑，便在铅笔身上顿了一顿：做个暗号，意思是请他不要告诉番婆仔。皮球顿完，就躲在一边去。

番婆仔听听，没有谁和她说话，周围又很静，她有点害怕起来。她闭上眼睛，想喊一喊曾经和她一起排在商店橱窗的手提包——她这么一想，便悄声叫道：

"呵，手提包姐姐呵，请你帮助我——告诉我现在是在什么地方！……"

皮球、小刀、小笔记本等大笑起来。他们都跑到番婆仔身边来。只有铅笔不笑，他拉住番婆仔的手，说：

"番婆仔，你现在和我们在一起。这里是小学生的书桌抽屉，也是我们公共的寝室和游戏场！"

铅笔说着，又向皮球看了一眼，意思是说，我们不应该向新来的小朋友开玩笑，我们应该帮助新来的小朋友。

番婆仔不害怕了。她现在明白了：她已经到一位小学生的书桌抽屉里来了；在这新地方，她有了铅笔、小笔记本和皮球等新朋友，他们都多么好呵。

番婆仔和这些新朋友很快就熟悉起来。番婆仔说："我刚才梦见在一个山谷里游玩，那里有树，有鲜花，散发香味！可是，我醒来时，不知道这里是什么地方……"

皮球说："我做梦刚醒时，也会迷迷糊糊的，一下子不知道是什么地方呵！"

小笔记本说："我以前也是排在商店的橱柜里。有一个店员，每天拿一把拂尘，在我们身上拂来拂去，弄得我身上发麻。现在可好了，小学生在我的纸上写算术题，比如：

$$1+1=2$$
$$2+1=3$$
……

"这样，我也懂得算术了！嘻！嘻！"

番婆仔没有想到，小笔记本这么爱说话。原来，他的封皮闭上时，一句话也不说。刚才有一阵微风从窗口吹进来，把他的封皮吹开了，所以他说了许多话。

皮球接上说："我以前也排在商店的橱窗里。可是，现在太好了——到了白天，我便跟小学生一起到学校里去。学校里有一个大操场，下课铃一响，我便和小学生一起在操场上跳跃了！打滚了！"

番婆仔听了，非常快乐，不觉笑起来！

这时，月光已经斜照了。抽屉中只见到一些地方是明亮的。抽屉外面的桌台上，什么东西当——当——当，响了三下。

"这是什么声音？"番婆仔问。

"这是一个老人的声音。一位按照时间，定时地敲响声音的老人。他叫时钟。刚才敲了三下，现在是夜半三时了。"铅笔说道。

"那么，我们睡觉。再睡一觉，到天亮时，我们大家都向小学生问个早安，好不好？"

"好！"

大家都睡觉了。抽屉——寝室里很静。这是一位小学生房间里一个晚上发生的一个小故事。

红菇们的旅行

出 发

她们持着淡红的雨伞,持着浓红的遮阳伞,

她们持着胭脂红的雨伞和遮阳伞,她们一齐集合起来了,排成队伍了,

她们从林中出发了;

踏着林中的青苔,踏着油松的针叶,山梨和山柿的发黄的阔叶,

——八月的黎明,林中流动着,

乳白的雾一般的烟;她们从流动着乳白的烟的林中,从黎明的林中出发了。

她们心中多么快乐。她们想，这座树林子以外，有一座很老的树林子？

她们想，这座树林子以外，

有她们没有看见过的花，有很大的草地，有很清的泉水，有一个新鲜的世界？她们从林中出发了。她们心中充满期望和欢乐。她们从流动着乳白的烟的黎明中出发了。

送　行

有蜜蜂来送行。有胡蜂来送行。

有画眉鸟来送行。

有两只小麂跟着它们的母亲来送行。小麂和它们的母亲一起，站在林中的石头上送行。

有草兰来送行。有野菊和蒲公英来送行。野菊们站在草丛间，挥着淡黄的手巾，

向她们送行。野菊们一直站在草丛间，目送她们走出林中的草径了。

经过泉边的村庄

那里,
有野菊的妹妹,穿着绿色的围裙的
雏菊们,挥着淡白的手帕,向她们招呼。
那里,有菖蒲向她们招手。有蕨草向她们招手。
那里,跣(xiǎn)足的红蓼(liǎo)花们,站在水边,含笑地向她们招手。
——呵,她们看到了,前面是一条山涧,一条流着清清的山泉的山涧。那里,
岸上和泉边,是蕨草,是雏菊,是菖蒲和红蓼花们居住的村庄吗? 当她们的队伍,持着
淡红的伞,深红的伞,玫瑰红的伞,
从这座村庄的草径间经过时,
蕨草、红蓼花、菖蒲和雏菊们,一起向她们跑过来了,一齐向她们握手,请她们到村里做客,
喝一杯蜜;
——她们便走进村庄里看看,
只是,她们来不及停留很久了……

经过土阜前的村庄

有一阵一阵的

喇叭声，传来了。有一阵一阵早晨的风，送来一阵一阵的、早晨的花的香味；

——呵，她们看到了，在前面的一座土阜上，是一座花的村庄吗？那里，有吹着淡蓝的喇叭的牵牛花们，有吹着雪白的喇叭的牵牛花们，有吹着淡紫的喇叭的牵牛花们，

一起站在土阜上，吹着自己谱写的歌曲，来欢迎她们；

——呵，她们看到了，
在前面的土阜上，

和牵牛花们一起,雪白的金银花,

全身沐(mù)浴着露水的金银花,

攀到绿色的灌木丛上了,摇着雪白的花束,

向她们招呼。她们心中多少快乐。她们想,牵牛花和金银花们,都多么美丽。当她们从土阜前的

草径间走过时,白的牵牛花,紫的牵牛花,胭脂红的牵牛花们,

一起跑到草径前来,一齐向她们拍手;这时,雪白的金银花们,开始把早晨的露水酿成的香水,

从雪白的花束上,

洒到她们的淡红的雨伞上,浓红的遮阳伞上,

洒到她们的玫瑰红的雨伞和遮阳伞上,

洒到她们的手上了。

游　行

现在,

前面出现一条溪流了。一条蓝色的溪流,上面有一座散发着松脂香味的、松木搭成的桥。那桥边的草地上,

正在举行一个欢乐的节日游行吗？那游行的队伍，

开始从草地上的草丛间，篱笆间

整队出发了；

看呵，好多好多的山百合花，

有的吹着丹红的喇叭，有的吹着雪白的喇叭，

向松木桥上走过去了；

——看呵，这时桥下的溪流中，照耀着山百合花走过桥上的游行队伍了……

呵，看呵，跟在山百合花的队伍后面，好多好多的石蒜花，有的提着黄的灯，有的提着红的灯，

向松木桥上走过去了；

——看呵，这时桥下的溪流中，照耀着好多好多的红灯和黄灯了；呵，看呵，在好多好多的黄灯、红灯中间，忽地飘飞着无数彩色的雪花，

飘舞着蓝的雪花，白的雪花，紫的雪花，

飘舞着黄的雪花，麦黄的雪花，柠檬黄的雪花……

——呵，看呵，原来三色堇们、香水花和黄蔷（qiáng）薇们提着花篮，排成队伍从松木桥上走

过了,一齐从花篮里把花瓣向溪流中撒下去了,撒下去了……

呵,看呵,这时有好多好多的向日葵从草地上的篱笆边,排成队伍走到松木桥上来了,

——呵,看呵,这时溪水全都发亮了,溪水中间照耀着一朵又一朵正在欢呼的黄色的太阳……

呵,看呵,看啊,在好多好多黄色的太阳中间,照耀着好多好多淡红的伞,浓红的伞,玫瑰红的伞和红莲般的伞……

——呵,原来我们这个童话中的主人公们,

红菇们也参加了游行队伍,正和向日葵的游行队伍一起从松木桥上走过了,正和向日葵们,和所有的花朵们

一起赞美夏天的早晨的

欢乐,一起赞美夏天的早晨的

五色缤纷、繁荣和豪华。

白雪公主

我们到松坊村才住下一个多月,这里便开始下雪了。

早晨起来时,只见从屋前不远处流过的山溪中,那些好像青蛙、水牛、小猫和小鹅的岩石,都铺上雪了。溪上的木桥,也铺上白雪了。山上的松树、栲(kǎo)树和其他杂木,都铺上雪了。还有屋前小径边的青草,溪边的青草,都铺上雪了。

我们村里只有三户人家。我家屋上的茅草和邻家屋上的茅草,都给白雪盖住了。还有我们三家屋后山岗上的竹林,给白雪压得都弯下身来。

邻居养的一只小黄狗,看见到处是雪,高兴得不得了,从门前跑到木桥边去,又从木桥边跑回屋子的门前来……

我和爸爸一起看村中的雪景。爸爸说，

昨天夜里，白雪公主到我们这座小山村里来了。

真的？她从哪里来？

爸爸说，

她是一位聪明的小姑娘。她住在遥远的、北方的一个雪的王国里。在那里，国王的王宫，百姓住的居室，都是用白雪和冰砌（qì）成的，周围都有花园，那里开着雪莲花，还有雪中的野菊、玫瑰、蒲公英和三叶草，也都开着白色的鲜花。雪国里的蜜蜂、蝴蝶的翅膀是白的，蜻蜓的翅膀也是白的。它们在花园的雪莲和其他野花间飞舞。企鹅在王宫的殿前和百姓的窗前走来走去。附近有海，没有结冰，没有冰山，有海豚和鲸鱼领着他们的子孙们在海中游泳……

白雪公主就住在这个王国吗？

是的。

昨天夜里，白雪公主坐着雪橇（qiāo）从这个王国到我们这座山村里来。她向国王说，要到我们村里来玩耍，看看南方高山上的风景，和松鼠们交朋友。国王答应了她的要求，便给她一辆雪橇，由两只美丽的小狗拉着……

于是，白雪公主便到我们村里来了。

爸爸说，

她来的时候，恰好村里落雪了。她坐着雪橇，先到山上的森林中来。她见到松树是青的，枫树上还有一些红叶，其他杂树的叶子也是绿色的，只是树干和树枝都已披上了雪。这情景使白雪公主感到非常欢喜，因为这是她所不曾见过的。她向每棵松树、枫树及其他杂树问好。她在我们的森林中，还看到树上和草丛间有鸟窝，她便向睡在鸟窝里的鹧鸪、雉鸡们问好。她的雪橇随后来到松鼠妈妈和她的孩子们居住的家——一棵老樟树的树洞前面，只见松鼠妈妈和她的孩子用美丽的尾巴盖在背上，睡得很甜很浓，连外面下雪和白雪公主来了，都不知道。

爸爸说，

这时，白雪公主走下雪橇，让两只小狗看守着雪橇。她轻轻地吻了一下松鼠妈妈和小松鼠们，那小松鼠便在梦中快乐地吱吱叫了几声，松鼠妈妈便在梦中说道：

"你是白雪公主吗？你来了，

——外面还下雪吗？"

爸爸告诉我,

不用说,那时我们村里、山上都在落雪。那松鼠妈妈和她的孩子真爱睡,吱吱叫了两声,说了两句话,又不声不响地睡了。白雪公主又吻了他们一下,松鼠又在梦中说道:

"白雪公主,

——你看见我们家里贮(zhù)藏的很多松果吗?"

爸爸告诉我,白雪公主向树洞里头看了一下,真的看到树洞底下有好多松果,这都是松鼠妈妈在秋天带着小松鼠们到松林里捡来后贮藏起来的。松鼠妈妈最怕松果让人家——比如黄鼠狼偷去……

"看见了,

——你们贮藏了好多松果呵!"

松鼠妈妈和小松鼠们听见白雪公主的称赞,一下子都从梦里醒过来。松鼠妈妈请白雪公主和她一起坐在树洞前面的树墩(dūn)上——她们很快交上朋友了。松鼠妈妈又请白雪公主和小松鼠们一起剥吃松果,还请看守雪橇的两只小狗也一起剥吃松果。白雪公主告诉松鼠妈妈说:

"你们贮藏的松果,

——比国王在王宫里给我做的生日蛋糕还香!"

白雪公主那两只拉雪橇的小狗,吃着松果,也觉得很香,它们也高兴得不停地跳呵跳……

爸爸说,

那天夜里,白雪公主还给松鼠妈妈和她的孩子讲故事。

真的? 讲什么故事?

爸爸告诉我,白雪公主讲了雪的王国里的一些民间故事,比如企鹅在雪地上举行婚礼的故事。白雪公主还对松鼠妈妈和她的孩子们说,雪的王国里,除了王宫、民屋和商店是用雪和冰块砌成的以外,街道、电视台、天文台也都是用冰块和雪筑成的。这些雪和冰的建筑物,被北方的阳光照耀着,有如水晶一般到处闪闪发光。松鼠妈妈和小松鼠也给白雪公主讲了关于山上的鹧鸪以及蒲公英的童话。后来,白雪公主问道:

"这里的村庄里,

有聪明的小姑娘吗?"

爸爸说,

松鼠妈妈立刻告诉白雪公主,山下那条小溪旁

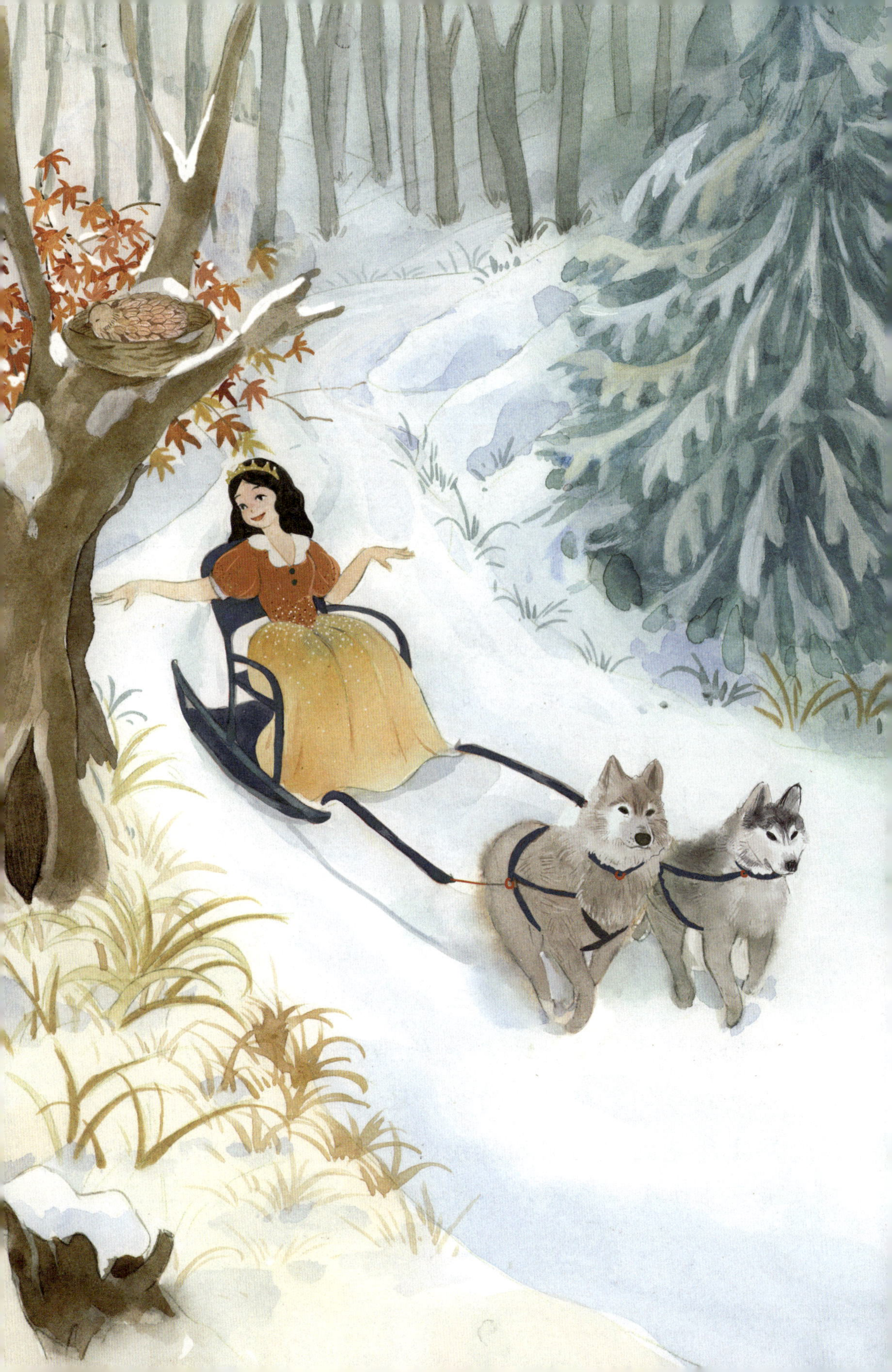

村庄，只住三户人家。当中的两间茅屋，一个多月以前，刚从城里搬来一户人家，父亲是一位散文作家，也会写童话。他带着夫人和十岁的男孩、六岁的女孩一起来村里住下。这位六岁的小姑娘很聪明，喜欢采山上的野花，穿成花环挂在胸前；她也爱听父亲给她讲童话故事。白雪公主听了，非常高兴，便和松鼠妈妈一家告别，冒雪坐了雪橇下山到我们村里来，在当中的一户人家门前，轻轻敲门——

呵！

——爸爸，是来敲我们家的门？……

爸爸说，可是，那时我们都睡得很浓，连爸爸他自己也没有听见白雪公主的敲门声……

呵！

后来呢？那怎么办呢？

爸爸告诉我，后来，雪停了。白雪公主便由那两只美丽的小狗拉着她坐的雪橇，离开了我们村，回到雪的王国去。她到王宫去见国王和王后，告诉他们在这里的山上和松鼠妈妈一家交朋友的事情，以及到我们家敲门的情形，还对国王和王后讲了一路上所见到的南方的风景。爸爸说，以后我们村里要是再下雪，白雪公主说不定还会坐雪橇来……

孙悟空在我们村里

  我的爸爸有好多书籍。他就是爱书。那次，他带着我的妈妈、哥哥和我到松坊村居住，不知怎的，他带的书籍却不多，只带了《徐霞客游记》，还带了《西游记》《木偶奇遇记》和《安徒生童话全集》。带这些书是为了给哥哥看和讲给我听的。爸爸说，明代的旅行家徐霞客曾经经过我们的门前，爸爸到村里后，便考虑到我们住的茅屋和邻居住的茅屋靠着屋后的山岗，是盖在古代的驿路上的；爸爸说，徐霞客从浙江进入福建时，一定要经过这条驿路。爸爸还念了徐霞客当年经过我们这里时的日记给我们听。原来这位旅行家经过这里时，山上杜鹃开放着美丽的花朵，有黄鹂和其他鸟类正在唱歌，天气很好。不过他没有记下我们家门前有一条山溪。

爸爸每天都念一点儿《西游记》给我们听，我们从此认识了孙悟空。爸爸还时常带我们到树林里、溪边去玩耍，也讲《西游记》里的故事……

一天早上，爸爸告诉我，昨天晚上，孙悟空到我们屋前的山溪中玩耍。

爸爸笑着说：《西游记》里不是有孙悟空和他的师父、师弟们的绣（xiù）像——就是肖像画吗？昨天晚上，月亮很亮，照得我们村里到处是月光和树林的影子，溪水也在月光下哗哗地流淌，发出闪光。这时，孙悟空从《西游记》的书本中醒过来了。他轻轻地唤醒唐僧、猪八戒和沙和尚，然后让师父骑上白马，便从我们家的窗口里一起走出去了。

真有这回事吗？

童话都是真实的。说的都是真有这回事。只见孙悟空走在前头，他们师父唐僧骑着白马紧跟着他走，再后面便是挑担的沙僧，还有猪八戒，他原来是最不喜欢待在《西游记》书本里的，今晚能跟师父、师兄走出书本，到我们村里玩耍，感到很高兴。他一路摇摇摆摆地走，鼻孔里呼出大气。

爸爸告诉我，

孙悟空一行走过我们屋前的草径。那草径旁边不是有一棵老樟树吗？睡在树上鸟窝里的鹧鸪妈妈和她的孩子被马蹄声唤醒了，鹧鸪妹妹揉一下眼睛，往树下一看，叫道：

"妈妈，有人骑着白马走过来了。"

鹧鸪妈妈一看，告诉她的孩子们说：

"他们是《西游记》里的唐僧和孙悟空师徒啊。孙悟空很有本领……"

原来，自从爸爸带我们到松坊村来居住以后，爸爸不是时常带我们到溪边、桥上以及山中的树林里去玩耍，并且讲《西游记》里的故事给我们听吗？这么一来，树上的鸟、山间的穿山甲、刺猬以及溪里的鱼们都听到爸爸讲的故事，并且因此知道世界上还有孙悟空和他的师父、师弟们了。

随后孙悟空一行便走过村里的那座木桥。爸爸告诉我，

你知道吗？

桥下溪水中的小鲫鱼们、小虾们，还有黄鳝们，听见马蹄声和孙悟空师兄弟们的脚步声，都醒过来了。它们在溪水中跳跃，向正在过桥的孙悟空一行

打招呼。这时，唐僧骑在白马上，一边过桥，一边合掌说：

"阿弥陀佛！"

他们过桥后，便走进我和爸爸常常去玩耍的一片大树林中去。那树林里的居民很多，有在地上爬行的蜥（xī）蜴（yì），泥土里钻出来的蚯蚓；有在草丛间跳跃的蚱（zhà）蜢（měng）以及在林中飞来飞去的蜻蜓；还有山雀、山雉、斑鸠；当然，还有穿山甲、刺猬时常跑来，有时还有山麂从山顶跑来。爸爸说，当孙悟空他们走进这片大树林里时，平日我们这里看见的鸟啊、昆虫啊、野兽啊都围过来，让刺猬叔叔代表全树林里的居民，对走在前面的孙悟空说：

"孙悟空叔叔，

人家说，你有七十二变，能变个魔术给大家看看吗？"

孙悟空二话没说，拔了一根毛，吹一下，树林里便到处飞起彩色的气球，好像节日一样，使林中的居民感到多么欢乐。可是，那天夜里，孙悟空一行只是路过这片大树林；所以，他变出满树林飞舞

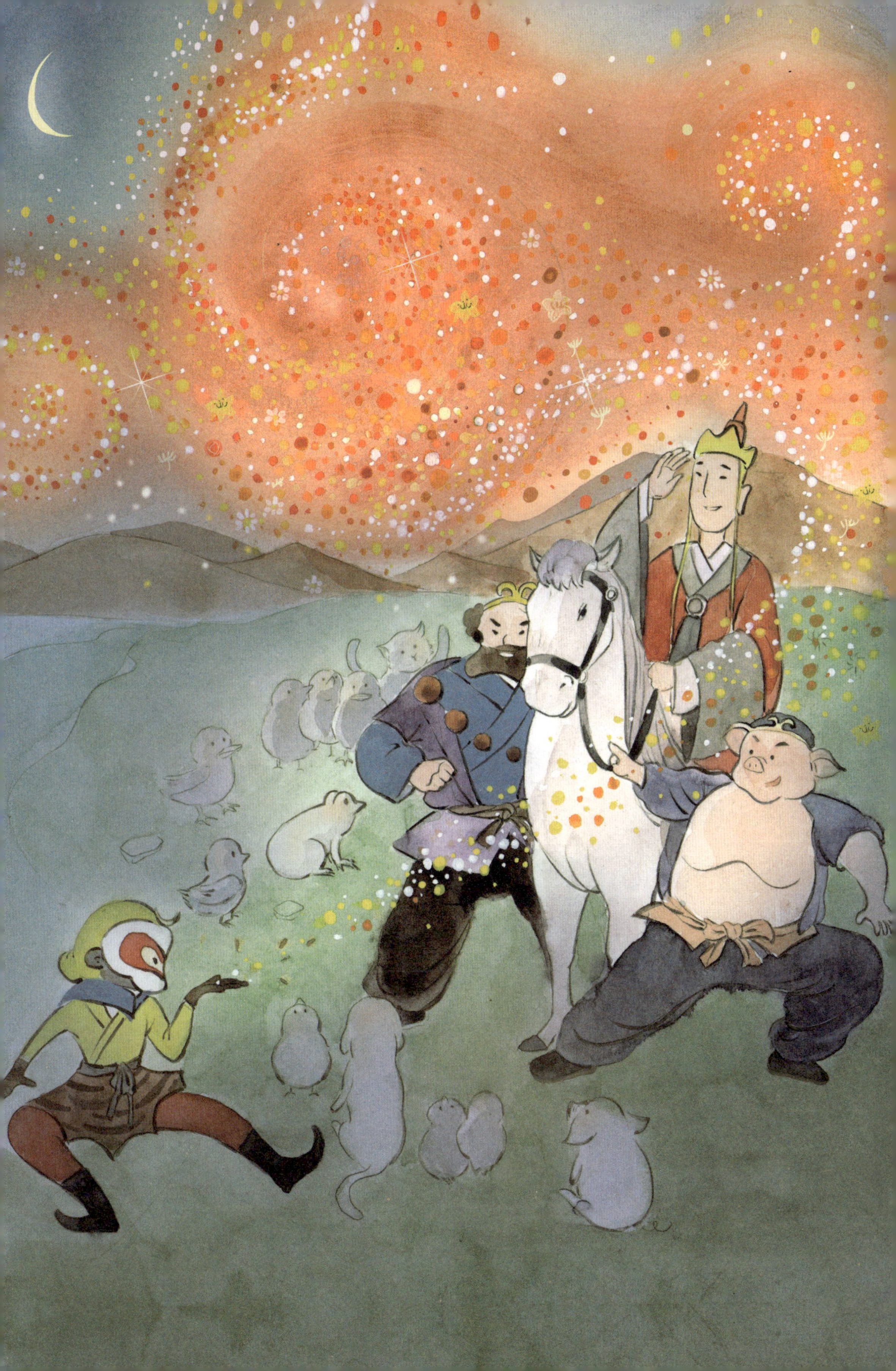

的彩色气球以后，便领着唐僧和唐僧骑的白马以及猪八戒、沙和尚，一起走出树林。林中的居民由刺猬叔叔带头，一直送他们到林边的小径上，大家不停地挥手——

唐僧骑在白马上，向送行的刺猬叔叔和穿山甲们合掌，喃喃念道：

"阿弥陀佛！"

沙和尚、猪八戒跟在后面，也合掌念道：

"阿弥陀佛！"

爸爸告诉我，

这时，孙悟空却忽然转了一下身，又在身上拔一根毛，吹一下，啊，空中忽然飞来了好多好多的饼干、梨子、巧克力、可可糖和刺猬们喜欢的小玩具——并且，有的巧克力竟飞进刺猬、穿山甲的嘴巴里……使得树林中的居民多么高兴。

随着，孙悟空一行便沿着我们村里最大的溪流——松坊溪岸上的一条小径前行。这条小径也是我和爸爸平日常走的路。这条溪水中有好多好多的岩石，我的爸爸曾在几篇童话中说到这些岩石好像青蛙、水牛、鹅等等。他们在童话中会讲故事，也会和真的青蛙一起到山上的森林中去旅行。现在他们遇见孙悟空和他的师父、师弟们以及白马了。他们一见孙悟空一行往前面森林里走去，都动起来，溪中的流水这时也发出音乐般的声音，好像比平日更好听。溪中那块好像水牛的岩石，看见骑马的唐僧以及孙悟空、猪八戒、沙和尚走得越来越近了，便赶快从溪水中走到岸上——其他那些有如青蛙啊鹅啊的岩石，也一起登上溪岸，迎接孙悟空……

爸爸告诉我，

这时，猪八戒忽然有点害怕起来，赶忙抢前一步，对孙悟空悄悄地说：

"师兄，你带我们到哪里去——前面不是牛魔王？……"

爸爸告诉我，

猪八戒就是有些猜疑心。只见孙悟空马上说："师弟，我们不是过火焰山，

是在松坊村玩耍，访问朋友。前面走过来的是童话世界中的石水牛和石青蛙以及石鹅们……"

猪八戒听了孙悟空这番话，没趣地走到后面去了。爸爸告诉我，那天晚上，真是有趣。溪水中所

有的岩石，都变成小鸡、小猪、小鸭、小狗和小猫，也一起登上溪岸，迎接唐僧和孙悟空等一行人。他们由石青蛙当代表，向孙悟空说：

"孙悟空叔叔，

你和你的师父、师弟一起来这里，我们都非常高兴。大家希望你变魔术给我们看……"

孙悟空听了，立即向骑在白马上的唐僧说：

"我就给他们变魔术吧？"

唐僧合掌说："阿弥陀佛！"

沙和尚和猪八戒都说："赶快变吧！"

于是，

孙悟空就在身上拔一根小毛，吹了一下，多么好啊，这时，溪流的上空，树林的上空，我们村里所有山岗和村屋的上空，都降下数不清的彩色的、发亮的、会燃烧的花朵，也就是说，好像天空中一时降下无数闪闪发亮的火焰般的菊花、蒲公英、牡丹、杜鹃花、玫瑰、桂花和金银花、百合花——到处飞舞……

爸爸说，

这可以说是孙悟空给我们村里放焰火。那天晚上，还有附近别的村里山上的山鸡、山兔、猫头鹰们也都跑到我们这儿看热闹，并且向唐僧、孙悟空和猪八戒、沙和尚问好，大家在一起玩，一直到天快亮的时候……

爸爸告诉我，自从孙悟空到村里后，村里山上、林里、溪中的飞禽走兽和花朵以及昆虫，都感到非常快乐。爸爸后来还告诉我，他说的这个童话故事，当然是《西游记》中所没有的。但是，爸爸说，我们可以给《西游记》不断地添上新的故事。

孙悟空和外国朋友哈尔马

那个时候,你们知道,我和爸爸、妈妈还有哥哥一起住在一个叫松坊村的山村。这里只住三户人家,屋顶上盖着茅草。我们住的屋子,只有一个窗,没有装玻璃,窗门是木造的,晚上睡觉时,用木栓闩(shuān)上窗门。屋顶有一个天窗,却是玻璃的。夜间,山中的月光从天窗照下来。

我的爸爸的桌上,放着《安徒生童话全集》,还有《西游记》等书,这些,你们也都知道。可是,你们知道吗,安徒生有一篇童话,叫作《梦神》。这位梦神的丹麦名字叫作奥列·路却埃,他穿绸做的衣服,能一会儿发红、发紫,眼睛一会儿发蓝、发绿。他的胳膊下夹着两把伞。一把伞上有画,在孩子身上撑开,这孩子就会做美丽的梦;另一把伞上没有画，在孩子身上撑开，这孩子就会睡得非常糊涂。我的爸爸讲了奥列·路却埃带着一位名叫哈尔马的丹麦的孩子在梦中到处游玩的故事，非常有趣。因此，我也就认识了他。又因为爸爸讲了《西游记》中的故事，所以，我当然早已认识了孙悟空。

听我的爸爸说，因为他把《西游记》和《安徒生童话全集》一起放在桌上，所以，当我去睡觉的时候，孙悟空便从书本中走出来，去叩《安徒生童话全集》的书皮封面，叫醒哈尔马，或叫醒安徒生童话中的铜猪、玫瑰花或是小锡兵，和他们玩耍，交了朋友。

爸爸说，丹麦的梦神奥列·路却埃有时还会从遥远的丹麦来看望书本中的哈尔马，可是路太远了，没有每天晚上都来。哈尔马因此常常嘟着嘴巴，看来有些不快乐。有一次，孙悟空便告诉哈尔马，由他带他到村里去看风景、玩耍。哈尔马高兴得不得了。

这一天晚上的月亮从我家屋顶的天窗间照下银光；恰好也照到桌上的《西游记》和《安徒生童话全集》上。孙悟空在书本中，悄悄地对他的师父唐僧说：

"师父,我现在去会见丹麦的哈尔马!"

唐僧合掌念了一声:

"阿弥陀佛!"

孙悟空吩咐猪八戒、沙和尚好好照顾师父,随着便拿起金箍棒,走到《安徒生童话全集》前面,用手敲着书皮封面。哈尔马听见了,马上从书本中走出来。于是,孙悟空一手握着放在肩上的金箍棒,一手携着哈尔马,从书桌上跳到窗口,把我家木窗的闩打开了,两人就从窗口一起跳到屋前的小径上去。

在我们松坊村,从我家门前走过一座搭在山溪上的木桥,又走过一段梯田上的田埂(gěng)路,前面溪边有一座古老的水磨坊。那水磨坊的木轮好大好大,由从山岗上流下的一道瀑布冲着它,使它不断地转着又转着,不止地挥洒水珠,在月光下闪闪发亮。那水磨坊的木屋里,有七八只石臼随着大木轮的转动,在舂(chōng)米或者舂麦。看来,孙悟空很喜欢这座水磨坊。所以,听爸爸说,那天晚上,孙悟空首先带哈尔马来看村里的这座水磨坊。

这时,只见大木轮在月光下转呵又转呵,挥出

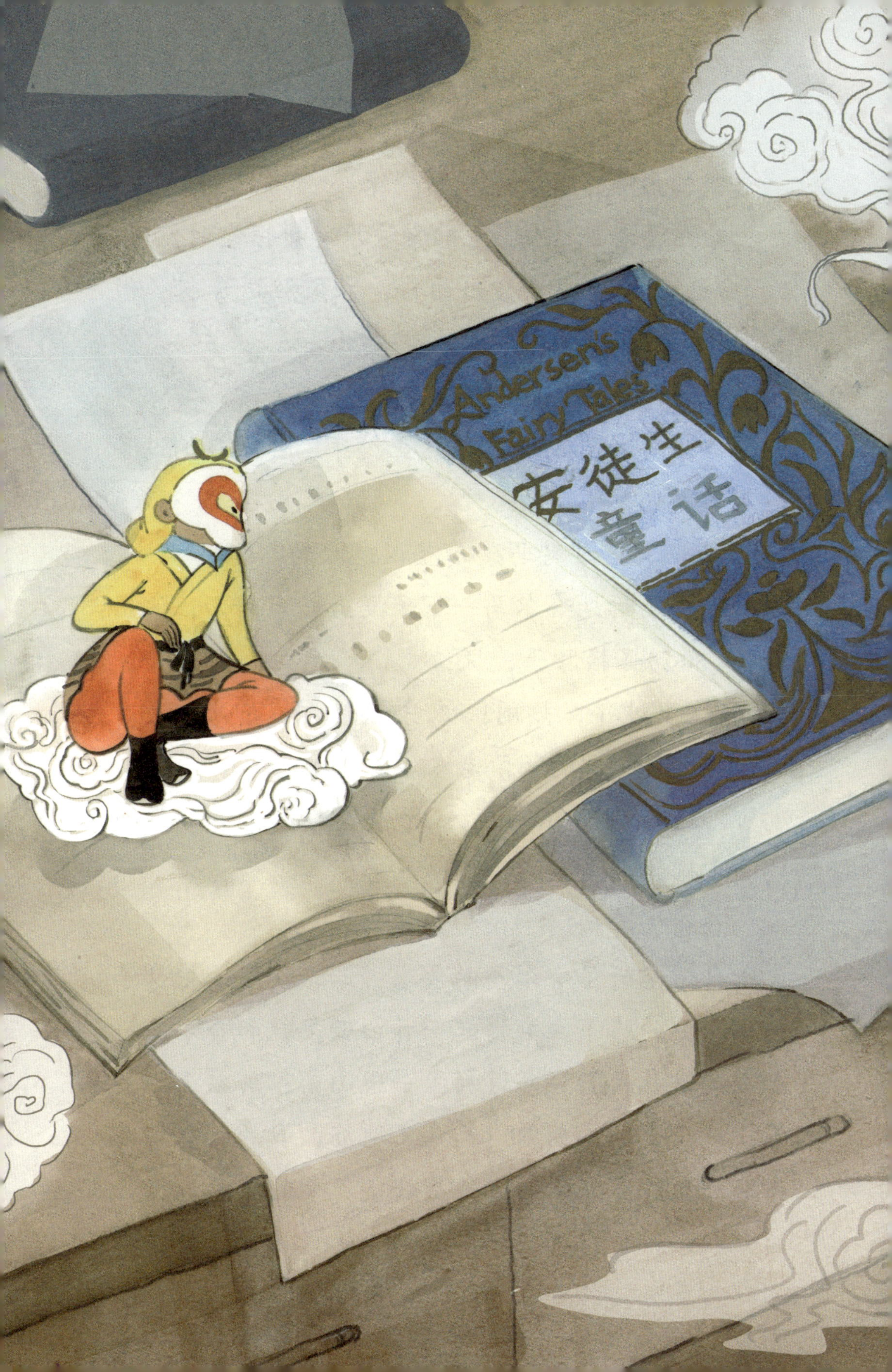
Andersen's Fairy Tales
安徒生童话

一串串的水珠，有如发亮的珍珠。

哈尔马看见这景致，非常快乐。孙悟空对他说：

"这座水磨坊里磨出面粉，农民放进赤糖，做出年糕——

因为，他们要过年！"

哈尔马听了，问道："这里过年，会比我们过圣诞节热闹吗？

——有圣诞树吗？有圣诞老人吗？……"

孙悟空听见哈尔马一下子提出一串问话，他用手搔(sāo)了搔脖子，说：

"这里过年，热闹！农民点起灯、香烛，还有放鞭炮，祭中国的菩萨老人。"

"真的？"哈尔马说，"孙悟空叔叔，那你带我去看中国的——菩萨老人！……"

爸爸告诉我，

孙悟空听了哈尔马的要求，二话没说，把身子一转，他的脚下立刻腾起一片白云，就和哈尔马一起驾起这片白云，穿过村里一道山峦，落在山下一座土地公公的小庙前。这座土地庙，我的爸爸曾经带我来玩过。庙中的土地公公是泥塑的，长着很长很长的白胡子,坐在神龛(kān)内像祖父一般地微笑;他身上穿一件古代的长袍。最有趣的是,他的脚边蹲着一只泥塑的老虎。爸爸告诉我,那晚,当孙悟空和哈尔马一起驾云来到土地庙时,土地公公便从椅上站起来,亲热地接待他们。土地公公看哈尔马穿一件翻领的丹麦衬衫、白色有蓝纹的长裤,脸孔像苹果一般红润,非常欢喜这位外国小孩。土地公公摸着哈尔马的金头发说:

"你是一位乖孩子!"

土地公公正说着,那只泥塑的老虎忽然动起来。哈尔马有点害怕。可是,也真有趣,只见孙悟空用手在这只会动的泥老虎身上一抚,它便变成一只小猫,在哈尔马的身边咪咪地叫,好像要和他交朋友。

爸爸告诉我,

在《西游记》中,凡土地公公,都是管辖(xiá)附近一大片土地和居民的。这位土地公公,当然看管我们村附近一片土地,包括山峦、树林以及山上的鸟、昆虫和老虎、穿山甲,包括溪中的鱼和虾,等等。孙悟空向土地公公说:

"土地公公,——最近这里有客人来过吗?……"

土地公公笑呵呵地说：

"前天傍晚，有一只黑熊溜到山上来。后来，它又走开了；据说，它在另外一座山上找到山洞……

昨天，有一只老鹰飞来，在山上最高的老樟树上做窝；有一只山羊走到后山的山崖上；还有山雉，昨天又孵出几只小山雉……"

孙悟空听土地公公一口气报告山上有这么多新客人，感到很高兴。哈尔马和那只由泥老虎变成的小猫，都听得津津有味。孙悟空便对土地公公说：

"土地公公，

你告诉黑熊、山鹰、山羊，

——就说，我有空时带哈尔马来看望它们。"

爸爸告诉我，

孙悟空说着，在小猫身上一抚，它又变成一只泥塑的老虎，蹲在土地公公身边，不动了。随着，只见孙悟空脚下又腾起一大片白云，他一边和土地公公告别，一边和哈尔马一起乘着白云腾空而起，不一会儿，就降落在我们村里北边一座山头上。这是村里最高的一座山，那里有许多参天的古木，其中有一棵桂树，正开放淡红色的花朵，发出甜甜的香味。树下还有一口古井。孙悟空站在桂树下，对哈尔马说：

"这棵桂树，在这座山上活了几千年，年纪比刚才看见的土地公公大得多。每年，它都开花，有千百种鸟飞来，在树上唱歌。最有趣的，是这棵桂树。

——只要你站在它的树梢上，心里想看到什么风景，就能看到什么风景！"

哈尔马说：

"真的吗？"

爸爸告诉我，

孙悟空说的话，当然是真的。只见孙悟空说着，用手轻轻一托，哈尔马便像一朵轻轻的云，一下子升到这棵古桂树的树顶。于是，哈尔马站在树顶，心中一边想，眼睛一边看；由于明亮的月光能照见普天下，哈尔马一下子看见他的祖国丹麦，森林、湖和海湾，看到他的保姆所住过的城市，看到哥本哈根海上的美人鱼塑像，还看见安徒生爷爷坐在一辆四匹马拉的马车上从街上驶过，并且向他招手……

爸爸说，

每个孩子都会思念自己的祖国，自己的故乡，居住过的城市或乡村；会想念自己的保姆以及熟悉的人、尊敬的人。孙悟空知道哈尔马整日待在《安徒生童话全集》的插图中，一定很想到村里一些地方玩玩，也一定想念他的远在丹麦的故乡和保姆……所以，这个晚上便带哈尔马在村里的山上玩耍，去看土地公公，特别是让他站到山顶古桂树上去看望他的故乡……后来，当然啦，孙悟空便携着哈尔马回来了，他们回来时的情况应该说一下，是这样的：孙悟空让他自己和哈尔马都变成一只小小的蜜蜂，然后从我家屋子的木窗里飞进室内；然后，孙悟空和哈尔马在爸爸的书桌上握手，说："再会！再会！"接着他自己走进《西游记》中去，哈尔马回到《安徒生童话全集》的插图中去。

月亮和松鼠

有位小朋友说,

——我记不起来是哪位小朋友说的,

他说:

"天空中的云朵,

是月亮姐姐的窗帘。"

这一天晚上,月亮姐姐就在暗蓝的天空中,拉开云朵的窗帘,从窗口里看到——

一座山岗的松树林里,松鼠妈妈携着一只篮子,后面跟着五位小松鼠,

——也携着小篮子;

月亮姐姐把云朵的窗帘全部拉开,把月光全部洒在那座小山岗上,只见松鼠妈妈和她的小松鼠们携着小篮子,一跳又一跳,沿着一道流过松林间的

小山涧，向前走；

　　随后，只见松鼠妈妈忽然停下脚步，站在一棵老松树下，对小松鼠们说：

"看见吗？

　　——树上有好多好多的松果！"

"吱！吱！"

只见小松鼠全都拍手，快乐地叫起来。

　　月亮姐姐把云朵的窗帘全都拉开，把月光洒在小山岗、小山涧和松树林上。只见松鼠妈妈携着小篮子，一跳又一跳，一下跳到松树的树干上，又一直往树梢爬上去；

　　只见小松鼠们携着小篮子，也一个一个跟着爬上去。这时，松鼠妈妈站在树梢说：

"孩子们，

　　现在，你们开始采松果，

　　——看看谁采得多……"

　　月亮姐姐把云朵的窗帘全都拉开。她从窗口望出去，

　　只见小松鼠们在松树上跳来又跳去，把松果一粒又一粒地采下来，放在小篮里。松鼠妈妈当然采

得最快，一下子便采满了一竹篮；

只见小松鼠们也很快采满了一篮子。松鼠妈妈很欢喜，对大家说：

"现在，

——你们自己拣一粒松果

剥着吃，我们就准备回家去……"

月亮姐姐也很高兴，只见她坐在天空中的窗口，微笑着眺望小松鼠们，挎着小篮子，一边剥松果，一边跟着妈妈跳呵又跳呵，

沿着松林中小涧的岸边，向前走，

一路上，

他们还遇见了夜里出来游玩的小山兔、小刺猬，还有小青蛙们，大家互相问好；

月亮姐姐也把手伸出窗口，摘了一朵白云做手帕，不停地挥着，向小松鼠和他们的妈妈送行……

作家的故事

郭风（1917—2010），福建莆田市人，著名散文家、儿童文学作家。历任县小学、中学、福州高级工业学校、福建师大教师，《星闽日报》编辑，《福建文艺》《园地》《热风》杂志副主编，福建省作家协会主席，中国散文诗学会会长。著有童话诗集、散文诗集、散文集等五十余部。其作品曾获第二次全国少儿文艺创作二等奖、中国作协儿童文学奖一等奖、全国第五届及第六届少数民族文学骏马奖、首届鲁迅文学奖、第八届中国图书奖、台湾金鼎奖等。

问：郭风爷爷是何时播下了儿童文学创作的种子？

答：小学三年级。

我怎地会学习创作儿童文学作品呢？

我想，这也许和我很小时便接触到一些儿童文艺作品有些关系。我自己也说不清楚，为什么此刻我就会想起小时看到的一本书，一本通过连环画的艺术形式创作的童话《熊夫人的幼稚园》。

（那时，我刚离开私塾（shú），进凤山小学三年级念书吧？一天，我在图书室里偶然看到《熊夫人的幼稚园》，我被吸引住了……）

在这本连环画上，我看见小白兔、小青蛙、小刺猬、小长颈鹿和穿着女教师裙子的熊阿姨在幼稚园里一起做作业、一起做游戏的童话世界。这打动了我的童稚的心。

如果我没有记错的话，也许在那时，我心中曾生出一种愿望、一种幻想：有一天真的能够到非洲森林里去，能看见长颈鹿便好了——或者，到后来我曾经有过这种幻想。但我可以明确地说，一开始，《熊夫人的幼稚园》便使我对长颈鹿产生一种喜爱的情感……

——节选自郭风《回忆和想法》（1980）

问:郭风爷爷的文章很多都是短小精悍的,这样的文章好写吗?

答:"书中文越短的,可能费时越多。"

我是写给孩子们看的。凌晨起来,花一两个钟头的时间,写一点,大都是三五百字的散文。但即便这样一篇短文,往往要花几个清晨才能写成。书中文越短的,可能费时越多。我对短文,有一种改了又改的习惯。老实说,我想尽自己力之所及,写得好些,使孩子们看了,比较满意些。

——节选自郭风《避雨的豹·后记》(1980)

问:为什么郭风爷爷的童话散文充满了幻想又不失真实感呢?

答:因为他们都源于真实的生活、经历或感受。

童话散文(或云童话体散文)……即这些散文其实是我个人生活(以及某种经历、感受)以童话加以再现。或且说,我的某些心绪在文体方面用童话散文加以再现。如《松坊村纪事》以至《孙悟空在我们村里》《白雪公主》《孙悟空和外国朋友哈尔马》等等,其实是七十年代我一家人客居闽北一小山村里时我的心绪和幻想的童话化的再现。

——节选自郭风《孙悟空在我们村里·序》(1990)